"单点击穿"
银行最后一公里

助力数智化时代网点效能提升

One-point Punch to the Last Mile of the Bank

洪志鹏 著

西南财经大学出版社
Southwestern University of Finance & Economics Press

中国·成都

图书在版编目(CIP)数据

"单点击穿"银行最后一公里:助力数智化时代
网点效能提升/洪志鹏著.--成都:西南财经大学
出版社,2024.10.--ISBN 978-7-5504-6425-4

Ⅰ.F830.33-39

中国国家版本馆 CIP 数据核字第 2024S5J507 号

"单点击穿"银行最后一公里:助力数智化时代网点效能提升
"DANDIAN JICHUAN" YINHANG ZUIHOU YI GONGLI:ZHULI SHUZHIHUA SHIDAI WANGDIAN XIAONENG TISHENG

洪志鹏 著

责任编辑:肖 翀
责任校对:邓克虎
封面设计:星柏传媒
责任印制:朱曼丽

出版发行	西南财经大学出版社(四川省成都市光华村街 55 号)
网 址	http://cbs.swufe.edu.cn
电子邮件	bookcj@swufe.edu.cn
邮政编码	610074
电 话	028-87353785
照 排	四川胜翔数码印务设计有限公司
印 刷	成都市金雅迪彩色印刷有限公司
成品尺寸	165 mm×230 mm
印 张	13
字 数	208 千字
版 次	2024 年 10 月第 1 版
印 次	2024 年 10 月第 1 次印刷
书 号	ISBN 978-7-5504-6425-4
定 价	66.00 元

　　这是一本指导银行从业者在数智化转型和数字营销大背景下，如何顺时而为，更高效推进网点经营管理、营销管理、客户管理和财富管理等关键性工作的"宝藏书"。

　　这是一本集理论与实战于一体、兼顾流程与话术的工具书。

　　这是一本总结洪志鹏老师若干年来在各大银行一线开展咨询培训经验的好书。

　　5.5G 时代已经到来，6G 时代的大幕在不久的将来即将拉开。身处百年未有之大变局下，世界金融发生着翻天覆地的变化，人们的金融生活也随着环境的变化而改变。从有卡支付到无卡闪付，从介质时代到刷脸时代，从单一产品到产品组合，从基本服务到高端体验，从传统业务型网点到跨界主题银行、生态型银行，人们的生活方式和精神追求随经济的腾飞跃上一层楼，基础金融服务早已不能满足这个时代的需要。因此，智能化、科技化、场景化的银行金融服务在"数字中国"大政策、大背景、大环境下应运而生。

　　数字场景如何细分客户？怎样借助科技力量精准描绘客户画像？如

何构建真正意义上的网点金融生态圈？厅堂智能化升级背景下如何重构网点营销阵地？如何防止重点资金类客户流失并挖掘其潜力？如何高效推进客户等级和综合贡献度双提升？高净值客户及资金如何防流失？网点绩效管理的"最后一公里"如何科学设计并落地实施？凡此种种，都事关总行、省（区）分行、市分行、支行（局）网点的经营管理和市场地位，都关乎团队整体效能与绩效目标的匹配度和执行程度，都关联个人与组织、梦想与现实的契合度，甚至关系到我国金融生态建设的新方向、新路径、新方法。

由于银行人员流动性大，加之近年来各行多起用年轻干部，不少网点行长虽干劲十足，但欠缺方法，不知道该如何进行"经络式"营销布局，不清楚该怎么带队伍才能快速出成效。二十年来，曾有很多朋友向我咨询过这类问题，我亦尽己所能、言之所极。然每遇此事，心中总觉有憾——若有一本书能够指导朋友们在网点、支行、分行的日常营销管理方面的工作，岂不美哉？洪志鹏老师的这本书在专业的细分领域，对上述难点、疑点进行了经验式解读，为年轻的网点负责人以及管理层提供了工作指引。

我与洪志鹏老师相识于银行咨询工作中，我被其认真、执着、专业、负责的工作精神和品格所打动。小到晨会流程与具体安排，大到项目顶层设计与落地实施，洪志鹏老师都紧紧围绕目标，重过程、强成果。数智化营销的时代悄然而至，洪志鹏老师在充满变数与竞争的环境中洞悉市场趋势，协助银行人趁势而为。希望这本书能够让读者解惑、释怀，能够为读者充电，令工作更顺手、更顺心、更顺畅。我为友人洪志鹏老师能将匠心之作奉献出来而感到欣慰和激动，这本书必将助力银行业健康发展，帮助金融人遇见更好的自己。同为知识传播者，我为洪志鹏老师这本新书"打 call"。无论是自学，还是团队共修，这本书都能为读者提供有益借鉴。

　　希望广大热爱银行事业之人秉持初心、不懈追求，为我国金融事业高质量发展贡献力量，为我国金融生态高水平建设贡献力量，为实现我国第二个百年奋斗目标贡献力量！

　　【戴增阳：作者挚友，国际注册企业培训师（HKTCC），国家注册高级培训师（中国专业人才库）；深耕银行及企业培训二十余年。】

CONTENTS▶目　录

引 言

价值重塑
——未来银行实体网点的路在何方

在本书中，"单点击穿"是笔者对银行的"最后一公里"——实体网点的希望。笔者希冀在数智化时代，银行实体网点可以摒弃繁杂，聚焦关键单点，运用"第一性原理"深入洞察各项重点工作的核心，以精准且极致的策略和行动，实现营销、管理等方面的效能的提升，突破传统边界，创造全新价值！

当前，"数实融合"已成为数字经济时代发展的趋势。党的二十大报告指出，要加快发展数字经济，促进数字经济与实体经济的深度融合，服务现代化产业体系建设，这为数字经济发展指明了方向。在2023年的中央金融工作会议上，习近平总书记对金融服务实体经济做出重要部署，要求做好包括"数字金融"在内的"五篇大文章"。作为现代化经济体系中重要的"金融力量"，银行业全面加快数智化转型，服务数实融合的发展趋势，不断在发展的"数字蓝图"上谱写新篇章。

数字经济继农业经济、工业经济之后成为当前社会的主要经济形态，其以数据资源为关键要素，以现代信息网络为主要载体，以信息通信技术融合应用、全要素数智化转型为重要推动力。金融业，尤其是银行业，是数智化发展的先行者。银行业作为技术和知识密集型行业，具有采用信息提升业务效率的内生需求和天然优势，其数智化发展程度在各行业中处于第一梯队。基于业界对数智化转型的概念定义，结合金融领域特征，我们认为，银行业的数智化转型是以数据和技术要素为驱动，加速组织模式、业务模式、管理模式、商业模式的创新和重塑，有效提高价值创造力，实现企业级转型升级和创新发展[①]。近年来，各大银行都在大力推进网点数智化转型，银行从业人员和广大客户都深感银行网点的各项服务更具科技感，各项业务的办理流程进一步优化，办事效率进一步提高，线上线下的服务体验感进一步增强。

科技效率的提升，释放了更多的柜台和以往的业务型人力资源，充实了更多的服务营销队伍，为产能的进一步提升创造了契机，也使业务处理模式从以往的以"柜面为中心、交易驱动"，转变为"以客户为中心、大数据精准营销驱动和场景驱动"。在新的数智化业务处理模式下，网点的厅堂布局、设备功能、客户动线、岗位分工、对员工的履职要求、协同的服务营销流程，以及与周边的生态融合都在发生着显著的变化。

数智化转型给银行网点带来了哪些新的挑战呢？

挑战一：高效利用厅堂客户智能化的精准识别功能，提高服务营销效率。

挑战二：用好数智化客户管理系统，进行客户精细化管理和精准化营销。

挑战三：用好数智化工具，对内提升管理效率，对外通过场景输

---

① 参见中国工商银行股份有限公司与中国信息通信研究院联合发布的《银行业数字化转型 白皮书（2023）》。

出，打造各类型客户生态共同体。

挑战四：数智化转型后，人力转岗心态及专业素养还未得到充分匹配，这对银行的队伍重建和人才培养是更大的挑战。

笔者近两年有幸参与了四大国有银行、部分股份制银行（如兴业银行、华夏银行等）及城农商行的转型培训咨询工作，发现在很多银行中，以往的柜员、大堂经理融合为综合服务营销人员，有的银行称其为客服经理；也有单一客户经理升级为综合客户经理的情况。随之而来的是，很多银行从业人员在心态、岗位职能认知、专业素养等方面还未做好充分准备，面对客户的时候还不能很好进入与客户充分沟通、探寻引导需求、多渠道服务营销维护客户的状态。

在新的网点数智化服务营销流程中，对关键岗位、关键职责、关键动作、关键场景及服务营销专业素养等方面的要求也在不断变化。如何更好地重塑实体网点的核心竞争力和价值创造力，是我们需要思考的。

很多银行为引领行业趋势，近年来都在如火如荼地开展如智能化服务销售、数智化转型、数智化赋能等咨询培训项目。我们需要注意这些变化中的核心内容，以此为抓手，真正实现持续的质的进化。

各个银行在数智化转型的不同阶段，面临的问题各有不同，要解决这些问题是一项系统性工程。

近年来，在银行圈内畅销的读物 *Bank 2.0*、*Bank 3.0*、*Bank 4.0* 对银行的发展趋势做了很多迭代解析。未来学家、银行技术专家 Brett King 指出，在移动互联网金融时代的转变趋势中，银行业务在未来数十年中将朝着"金融服务无处不在，就是不在银行网点"的方向演变。该言论引发了全行业关于网点价值和数智化转型的大讨论。

一时间，"场景化""数字化""智能化""生态化"等新词成为银行从业人员讨论的热点。大家都心潮澎湃，感觉变化近在咫尺。也确实如此，当下，网点数智化已然"遍地开花"，但突出的矛盾是：网点虽然更具科技炫酷感，客户业务效率体验也得到了提升，营销人员得到释放了，但客户却不怎么去网点了，到网点与工作人员接触交流的时间也缩短了，很多得到释放的工作人员好像也只是换了个地方指导和协助客户办理业务，一切好像并没有发生根本性的变化。所以我想说的是，数智化转型不是机具的堆砌，而应该是银行"最后一公里"的网点价值的重塑和网点各岗位队伍的进化。

网点数智化转型背景下，网点价值该如何重塑和进化呢？

数智化网点的主要特征可以分为三个方面，分别是智能化、社会化、多样化。

可以看到，转型是不止于智能化的。如果只是停留在了智能化这个层面，而忽略了社会化、多样化，那转型就是不完整的。

何为社会化和多样化？也就是网点不再是单一的金融服务供应商，其发展趋势在于，金融服务与非金融服务、网点与周边的生态性融合，以及线上与线下服务在客户的各种生活场景和经营场景中的嵌入。不管是这些年出现的社区银行、科技银行、咖啡银行、超市银行、儿童银行等主题银行，还是异业合作商户联盟，都是在推动网点社会化、多样化发展。

比如，智慧型网点厅堂强调的是以客户为中心的"自助、智能、智慧"全新服务体验。需要重点把握的是关键营销场景，包括厅堂客户智能识别精准营销场景、智慧服务体验场景、沙龙活动等。

网点数智化转型下的获客模式有哪些创新呢？

网点数智化的趋势，带来了银行业务拓展模式的深层次变革，而实现场景化获客是当前金融机构转型发展的重要方向。随着实体网点在移动互联网金融时代的客户自然到店量的明显减少，各个银行都在推动获客模式的创新，以期待在新一轮的竞争中占得先机。

数智化转型正在推动银行业务从以传统网点为阵地的周边业务模式，向日常各种线上线下、内外场景营销延伸，同时银行业务也从人工向线上线下智能终端转移。电影院、咖啡馆……任何一家商户都有可能成为银行信用卡、消费金融、支付结算产品的获客场景。在这种趋势下，未来，银行将无处不在。但与此同时，随着更多年轻客群的全面移动互联网化，客户开始拥有大量对不同选择的主导权，并且变更交易银行也更加方便快捷。传统的客户服务模式很难持续提升客户的忠诚度。

在数智化转型阶段，必然会存在队伍转型的阵痛期。传统的柜员、大堂经理、理财经理、对公客户经理等都需要适应并掌握数智化趋势下的线上获客、线上线下一体化维护和营销方法，同时创新经营模式，培养适应场景化、线上化、综合化经营的人才团队。

以往更加直观呈现在客户眼前的智能化网点建设升级，以及移动端App、微银行、直销银行、商城等平台建设，已经在客户服务、交易效率及体验上实现了提升。但于银行数智化智慧经营转型这项战略工程而言，数智化不只是各种机具、App 的堆砌，不应被理解为一个简单的工具或者业务渠道，而更应是一个完整的业务运营及客户经营的一体化平台，应该成为触达客户、理解分析客户、全流程服务客户、精准营销客户、经营维护客户的重要入口。

笔者将之理解为"智能化银行"向"智慧型银行"的发展。虽然只是"一词之变"，但却是量级的变革。比如需要加快推进银行相关科技人员、数据分析师、专业营销人员队伍结构的优化，在经营性支行层面释放更多的营销人员，并强化专业营销人才队伍的建设和培养，提升整体营销效能及市场竞争力。

我们需要进一步思考的是：

◇在银行业数智化智慧经营转型的重要机遇窗口期，应着力于哪些方面的工作呢？

◇如何在新常态新趋势下，高效有序地加快智慧银行转型升级？需要做好哪些基础工作？

◇如何全面提升线上服务能力，改善客户线上服务体验并与客户产生深度链接？

◇如何实现数智化精准营销和精细化管理，从而提升客户筛选分析能力、交互能力，以及提升营销和客户维护的成效？

◇在大财富管理及综合化营销时代，如何更好更专业地服务营销客户？

一

营销管理

以终为始——如何基于目标实现开展高效营销管理?

当前各大银行间的营销战硝烟四起,各项创新举措层出不穷,各种金融产品争奇斗艳。比如,近年来在监管部门要求银行业"回归本源、专注主业"的大环境背景下,很多银行开始进一步突出存款的基础性地位,想方设法做实客户基础,稳定存量客户,拓展增量客户,争取潜在客户,蓄足存款增长的源头活水,展开"揽储大战"。

在网点日常营销组织管理工作中,谁掌握清晰的、明确的经营思路和营销策略,在每个阶段有成熟的营销打法,谁就会占据更多的市场份额和增长空间。

基于上述分析,为更好地助力银行营销实现网点达标、人人达标,笔者重点建议银行网点在"管理端、客群端、产品端"形成"三维营销"经营思路,在有限的时间里,做好各项业务营销目标达成进度经营分析,"以终为始"地开展经营解码工作,高效有序地组织团队运转,抓重点客群、重点指标、重点营销场景。

一、 银行网点营销管理整体思路

(一) 标准化管理

聚焦岗位管理及绩效管理;明晰岗位职能在营销工作中的具体分工及履职流程管理标准,固化各岗位营销工作职能,推动理财经理、对公客户经理、综合客户经理、大堂经理、柜面经理及产品经理各司其职、高效协作;形成各岗位每日、每周、每月营销规定动作量化标准及目标,将营销计划的各项措施分解为具体的营销动作、营销场景,并可量化地开展组织及督导工作。表 1-1 为客户经理营销规定动作及量化目标明细。

表 1-1　客户经理营销规定动作及量化目标明细

每日	每周	每月
面谈/电话/微信营销沟通 10~20 户，成功邀约到网点的至少 2 户	分享产品及营销信息至朋友圈至少 2 次	在月例会上汇报上月绩效目标及营销规定动作目标完成情况，并提出改善建议；制订下月推进计划
参与厅堂服务营销至少 1 个小时，参与或主持厅堂微沙龙至少 1 次	开展重点客群、重点产品精准营销活动，或开展名单制营销工作至少 2 次	
成功营销客户至少 5 户	参与商户外拓调研或营销活动至少 1 次	
通过微信添加 2~5 个陌生客户	参与公私联动/社区外拓活动至少 1 次	
登录并查看 CRM 系统至少 1 次	在周例会上汇报本周绩效目标及营销规定动作目标完成情况，并提出改善建议；制订下周推进计划	
在支行内部群转发今日重点推荐产品信息或财经资讯 1 次，并更新小荧光板或展板、折页 1 次	完成基础重点产品销售，如定投 5 户、分期消费 10 万元，信用卡 5 户、理财或存款 50 万元（可根据网点实际需要调整）	
完成每日工作日志填写，并在晨夕会上做总结及计划汇报		
完成基础重点产品销售，如定投 1 户、消费分期 2 万元、信用卡 1 户、理财或存款 10 万元		

在岗位管理基础上，需要坚持以网点绩效管理体系为中心，以目标完成为导向，以目标进度管控为绩效管理抓手，指导网点开展绩效计划制订、绩效沟通、绩效辅导及绩效考核等工作。从而激发网点经营活力，推动网点各阶段各岗位绩效考核充分达标，并凝聚团队合力推动网点各项重点指标目标达标。

（二）数智化赋能

在每个考核阶段，针对各项重点指标做经营分析和目标分解后，需要明确各项指标的营销路径和适配客群，特别要关注存款及财富管理的中收产品等。还要强调基于各项数智化管户工具、营销工具的深度运用，聚焦存量客户中高端客户资源再盘点，以更好地支持对目标客群的精准营销，让各阶段营销工作高效有序地展开。

（三）专业化营销

聚焦各项重点指标，梳理各项业务营销的具体实施路径及方式方法，强调"化繁为简"，要路径明确、策略打法清晰，配以相关营销激励、工具、活动、方式方法和话术，在各岗位各项营销场景中，与客户展开专业性的交互，提高营销业绩落地的转化率。

（四）综合化联动

在日常营销工作中，很多银行网点的人力、精力有限，而当前对公业务下沉、资产业务下沉已成各大银行的趋势。在网点综合化背景下，我们在零售、对公（含信贷）等各项业务的高效组织中，不能割裂地去做每一项业务，要特别强调"综合营销"，特别是推动个人贵宾客户、代发工资客户、储蓄型客户、理财投资型、商贸客户、企业客户等客群的上下联动、业务联动、公私联动及综合营销，以此方式带动营销整体效率的提升。

二、 管理端——网点营销管理之"六项修炼"

（一）抓目标管理及行动方案

根据分行所下达的存款营销指标，支行要开展目标分解工作，把工作分解到各网点，再分解到每月、每周、每日，以及每个岗位。

同时，各网点要召开专项经营分析会，以整体推进方案为基础，

"一点一策"为导向，在不同营销场景、重点客群、营销活动等方面，形成具体可实施的、清晰的行动方案。

（二）抓客群盘点及数据管控

网点聚焦"拓存创增"目标客群，组织开展月度客群资源盘点分析，并形成每月、每周、每日的重点客群营销计划，以数据分析、量化目标、过程数据管控为抓手，高效有序推进不同层级、不同类型的重点客群营销工作。我们来看一下××银行网站的重点客产资源盘点和管户营销计划（见表1-2）。

表1-2　××银行网点重点客户资源盘点及管户营销计划表

序号	重点客群类型	梳理标准	月度管户客户梳理	资金量盘点	月度客户量沟通计划	月度营销业绩目标
1	定期、理财到期（本月到期量）					
2	大额活期变动客户（存款较上月上升或下降至少10万元）					
3	大额活期闲置存款客户					
4	定期持有客户					
5	理财持有客户					
6	大额三方存管余额客户					
7	个人经营性贷款客户					
8	代发工资客户					
9	贵宾临界待提升客户、新晋级贵宾客户					
10	不同层级贵宾客户（钻石/白金/金卡级别户数）					
合计						

（三）抓激励措施及绩效考核

以网点及各岗位各项重点考核指标目标完成率为基础，形成每月、每周、每日激励及考核督导措施，强力推进网点营销组织管理工作。

（四）抓重点客户及关键客群

聚焦数字化及智能化客户管理、客户营销平台，强化熟练运用管户系统重点功能的能力，基于数据筛选找客户、基于数据分析看客户、基于数据标签管客户、基于数据功能赢客户，并以相关管理表单辅助推进管理工作。

明确各自的重点客户名单，并基于重点客户资源的盘点，形成明晰的"一户一策""一群一策"的网点营销策略和方案，明确各岗位营销目标，强化内外部营销训练，促进营销执行力落地，营造目标必达的营销氛围。

（五）抓重点产品及资产配置

加大存贷产品、财富中收产品、结算产品等重点业务的针对性推广力度，并提出有针对性的营销策略及方式方法。通过资产配置、产品组合营销的相关举措，如以"存款+"的方式，推动稳存、增存、配置和转化。

（六）抓营销岗位及营销场景

针对网点行长、营销副行长、理财经理、客户经理、大堂经理、柜面经理等岗位，针对大客户营销、重点客群管户营销、电话营销、微信营销、厅堂营销、外拓营销、联动营销等关键营销场景，形成各岗位、各场景的营销指引、工具和话术手册，高效推动营销效能提升。

三、 客群端——重点客群的精准营销方案（ 以存款营销为例 ）

（一）抓重点目标客群

针对存款营销，网点需积极服务大额活期闲置及流动资金客户、定期到期客户、理财到期客户、国债到期客户、定期储蓄型客户、行外潜力资金客户、征地补偿款客户、社区及商户客户、中老年客户、企业代发客户等。积极通过柜面营销、厅堂营销、电话营销、商圈拓展营销、项目营销、资产配置、存定期积分兑换礼品活动等营销方式，形成浓厚的全员全渠道存款营销氛围。

管户存款营销需要聚焦的十大重点客群：

◇定期、理财、国债及保险到期资金客群——针对资金及时的留存、增存和转化；

◇大额活期客群（闲置及资金变动客户）——针对客户活期资金的稳存和增存；

◇临界提升客户及新晋级贵宾客户——通过客户的提质升级、贵宾权益服务的提供和升级，实现留存、增存；

◇定期储蓄型客群——针对客户定期储蓄习惯，引导客户新增闲置资金继续定存；

◇理财客群——基于理财收益净值化及下行趋势背景，展开资产配置引导；

◇贵宾流失客群——通过客户维护、权益吸引和适配性产品推荐，重新赢回客户资金；

◇代发工资客群——通过客户专享服务、适配产品组合和权益，强化主交易行关系；

◇个贷客群——通过存贷联动，把个贷业务关系升级转化为贵宾客户综合服务关系，推动综合营销；

◇三方存管客群——重点关注三方存管大额资金客户，推动闲置资金归行；

◇保险、国债产品持有客群——针对客户偏保守资产配置习惯，进行客户存款配置。

基于"一点一策"网点周边客群分析，形成四大营销渠道（厅堂客户引存、外拓客户引存、存量客户引存、资源客户深挖），精准制订营销方案，提升存款营销成功率。

（二）抓重点营销场景

在此提醒，要想达成存款目标，要特别关注网点排名前列的高端客户的流动性活期资金的稳定性（网点目标达成和员工士气会因为大额资金流失大受影响），在高净值客户防流失基础上，再全力进行客户行外引存拓展。建议重点围绕下述四个场景进行。

1. 活期账户升级引存场景

此场景主要针对未签约类通知存款类产品及活期理财客户，网点要大力推广活期账户升级邀约配置产品，拓展行外资金。而针对已经签约客户，则要强化客户在体验产品后对产品的认同感，再通过持续的售后服务，争取客户更多行外资金归集。

以下为营销参考话术：

■切入点：活期账户利率升级、优质客户专享
■参考话术：
    1. 系统提示您是我行优质客户，可以享受活期账户升级专享福利。我们这个存款升级业务叫签约"通知存款"，签约后您可以享受活期支取便利，以及3~6倍的活期利息。
    2. 我们这段时间也是在集中为贵宾客户签约升级，要不我现在也帮您办理一下吧？
    3. 我再让客户经理给您详细介绍一下。

---

2. 到期资金对接引存场景

此场景主要针对定期、理财、国债、保险到期资金客户，网点要及时（或提前）、全覆盖地做好到期提醒及沟通对接，可以参考以下流

程：到期资金配置需求探寻——对银行整体资产配置方案进行介绍并做引导——在客户认可的基础上，探寻客户行外资金归集并为其进行整体配置。

以下为营销参考话术：

■切入点：到期资金对接、整体资产配置

■参考话术（电话沟通）：

1. 您好，请问是××先生/女士吗？

2. 您好，我是××行××支行的客户经理×××。我们支行就在××街道。您现在方便吗？

3. 是这样的，根据我行的系统提示，您×月×日有一笔理财资金到期，今天给您来电就是提醒您注意资金的到账。另外也想和您沟通一下，如果您这笔资金暂时没有其他使用计划，您就可以继续选择我行最新的理财产品或存款产品，这样可以让您的到期资金无缝对接产生最大的收益。您是怎么考虑的呢？

4. 是这样的，相信您有关注到，各家银行现在理财产品都净值化，收益有不确定性，像一些保本保收益的理财产品也逐渐消失。而我行的理财产品算是比较稳健的，所以现在很多客户都在考虑拿一部分资金出来配置一些锁定长期固定利率的产品，比如三年定期产品。或者我们也可以将您的部分活期流动资金做成活期理财产品或签约通知存款，您就可以享受比活期高出××倍的收益和支取便利。

5. 您看需要给您介绍一下我们最新推出的产品吗？或者我们也可以针对您的需求与您进行整体资金资产配置方案的交流。您看今天或明天什么时间方便，我们约在网点见个面？

6. 好的，××先生/女士，那您明天来之前跟我联系，我在网点等您。我已经添加了您的微信，请您方便的时候通过一下，便于以后联系。祝您生活愉快！

---

3. 贵宾临界升级引存场景

重点针对不同层级（如金卡级、白金卡级、钻石卡级、私行级）临界待提升客户，以升级达标有礼、活期账户升级、资产提升权益积分活动，以及相关优享权益等作为营销切入点，争取客户行外资金。

4. 资产配置专业服务引存场景

针对已经在本行配置有定期、理财、基金、保险等产品的客户，与其进行资产配置顾问式服务沟通，在肯定客户已有配置基础上，检视客户目前配置缺失部分，与客户进行针对性沟通，分享理念，专业分析当前产品变化、政策调整、行情动态等，给予适配建议，以专业价值赢得客户认可，实现行外引存。

四、 产品端——重点产品的专业化营销

（一）理财产品营销

在当前存款利率下行的背景下，各银行对市场资金的争夺不再止于存款产品的营销，很多银行以往将存款增长作为考核的主要权重指标，但近年来，存款增长已经开始转为以整体 AUM 值增长为主。而在这其中，从产品安全性、收益性和流动性来看，理财产品较权益性基金和理财型保险等产品更具有快速获客和资金规模上量的优势。人民币理财产品在资金防流失、他行资金拓展及客户理财意识培育上，有着明显的作用。

笔者在此为部分相关重点客户在理财产品营销方面做简单路径解析。

（1）大额活期闲置存款客户：邀约客户做活期账户升级，签约开放式理财或短期理财。

（2）定期、国债、保险到期客户：及时对接客户到期资金，根据客户资金特征和需求，从整体资产配置角度对接活期理财或短期理财。

（3）基金、保险、定期、三方存管已渗透客户：肯定客户理财意识，建议客户对流动资金和短期闲置资金做理财配置，体验理财产品收益的稳健性和灵活性，从而提升整体收益。

（4）个贷客户：针对个贷客户建立专属服务关系，并邀请其进行贵宾客户专享活期账户升级，签约体验理财产品，以理财产品收益对冲贷款付息成本，客户可享答谢礼品。

以下为参考营销话术：

> ■切入点：资产配置、生意闲置资金
> ■参考话术：
> 　　如果您有一些短期闲置资金，可以考虑投资我行的一款灵动理财产品，该产品兼具流动性和收益性，而且较为稳健，封闭期结束后，只要在开放期内就可以赎回，资金 T+1 到账。

（二）基金产品营销

简单理财产品具有快速营销获客功能，定期存款及保险产品具有封闭期限特征，这让管户经理在与持有这三种类型产品的客户进行日常沟通往来时，很难直接以产品为基础与客户产生高频的沟通和产品交易。但基金则不太一样，基金除了有不同类型的基金属性外，更重要的是基金净值与资本市场同频变化，管户经理和客户可以以此为基础进行高频的交互。在专业的资产配置和基金产品售前、售后服务基础上，基金客户的培育更有利于提升客户的业务黏性，促进关系递进。所以，我们会看到很多先进的银行近年已经开始从这些角度出发，将基金产品的客户覆盖率作为战略性指标看待。

笔者在此也就部分相关重点客户的基金营销路径做简单的解析。

（1）大额活期闲置存款客户：邀约客户做活期账户升级签约，开放式理财或短期理财；邀约到店后，引导客户尝试进行小额基金配置，让客户参与权益投资，签约购买 1 万元产品有礼赠送（或体验配置货币基金），以此培育客户。

（2）定期、国债、保险到期客户：及时对接客户到期资金，根据客户资金特征和需求，分析在当前理财净值化和定期利率下调背景下，配置权益性资产的必要性，从整体资产配置角度对接基金配置。

（3）基金、保险、定期、三方存管已渗透客户：肯定客户理财意识，分析在当前理财净值化、保险产品收益下降和定期利率下调的背景下，配置权益性资产的必要性，引导客户尝试小额基金配置，让客户参与权益投资，签约购买1万元产品有礼赠送，以此培育客户。

（4）个贷客户：针对个贷客户建立专属服务关系，并邀请其进行贵宾客户专享活期账户升级，签约体验基金产品（可以是货币基金，以此培育客户对基金的认识），客户可享答谢礼品。

以下为参考营销话术：

> ■切入点：资产配置、子女教育、养老基金、股市分析、利率下行等
> ■参考话术：
> 　　投资基金是一种适合普通投资者的投资方式，既可以避免自己不专业以及没有时间盯大盘和股票的弊端，也可以通过优质基金的专业管理、组合投资、分散风险来把控投资风险和争取收益，是普通投资者重要的理财选择。
> 促成：这款基金有一年封闭期，具备足够的建仓时间，可以减少市场波动带来的心理波动，特别适合您这样的客户投资，我帮您做一个配置吧。

（三）保险产品渗透营销

存贷利率下行，息差空间不断缩小，让各大银行对中间业务收入的持续增长充满渴望，而保险产品的代理佣金产生中收贡献恰恰是较为可观的。在最新监管机构出台"报行合一"相关政策后，银保渠道的营销更趋于规范化，并回归到保险产品功能性（而非收益性）的根本上来，这对银行营销人员的专业素养也提出了更大的挑战。

笔者在此就部分相关重点客群的保险营销路径做简单的解析。

（1）大额活期闲置存款客户：邀约客户做活期账户升级签约开放式理财或短期理财；邀约到店后，了解客户年龄、行业职业特征、家庭

特征、资金特征、闲置资金期限、过往金融产品持有情况等，引导客户对流动资金和短期资金进行配置；也可以将部分资金做中期（趸缴）和长期规划（期缴），实现保险功能（子女教育金、养老金、财富传承等）和锁定稳健收益。

（2）定期、国债保险到期客户：及时对接客户到期资金，根据客户资金特征和需求，从整体资产配置角度对接保险配置。

营销没有捷径可走，但有方法可循！

网点作为银行营销的"最后一公里"，堡垒阵地作用至关重要，网点的营销组织管理效率、能力，对产能的持续提升有着关键性意义。希望本书能对银行业的各位伙伴稍有启发，以便更好助力各项工作高效有序展开，在业绩目标达成上，在网点经营管理及团队营销专业素养上，可"短期引爆，长期有效"。

营销站位——客户需要什么?
我们可以为客户创造什么价值?

在个人金融日益互联网化和自助化的大背景下,银行客户拓展、产品营销及关系维护的"线上化"已经成为不可逆转的大趋势。网点厅堂早已不是营销客户的"主战场"。

商业银行的经营者,要尽快将"流量思维"转向"存量思维":厅堂流量只是少量,而存量才是全量。客户维护和营销的主战场已然不在厅堂,全年到店客户的数量,也无非是在不到全量客户的百分之十内波动而已。

客户经营的主力军是管户人员,主战场是数智化管户平台(以及增量重点客群的拓展),客户的维护效率和效果才是经营业绩的主要影响因素。危机和转机是一对孪生兄弟,每一次大波折,都会让一批人受益,让另一批人受伤,这是历史的规律。未来,银行个人业务的发展该何去何从?

银行零售业务中,存款、客户、中收是三大指标,而客户是完成指标的基础,所以客户经营与维护成了关键。

网点在以往的经营和客户营销的过程中,感觉越来越乏力,主要原因在于大多数网点的客户经理主要围绕几十个熟悉的客户完成业务指标。经营小部分客户,无法达成大部分目标。没有过程就没有结果。营销业绩不好的"根子问题",其实就是可营销的目标客户太少,或者说认识的、熟悉的、信任的客户太少。所以,我们必须将"抓大放小"的二八定律思维,转变成"抓大不放小"的全量思维。

移动互联网不仅改变了实物商品的流通路径，也改变了信息传播的路径。客户一旦加上理财经理的微信，就会经常浏览到理财经理发布的各类信息。这样一来，不仅会增加彼此的熟悉度，乃至信任感，甚至会逐渐增强客户对这家银行的依赖度。客户一旦有业务需求，便会立即想到这家银行，以及这家银行的客户经理。

如果我们不能"先下手为强"，一切机会就都是其他银行的。从某种意义上说，一个网点的持续竞争力，很大程度上取决于客户加了哪家银行客户经理的微信，以及通过这个载体是否与客户经理形成了常态化的、持续的良性交互。

线上营销的本质是价值获客。在自媒体时代和人工智能时代，向客户传递信息的方式更趋于多元化，比如可以通过图文、音频、短视频、直播等各种形式，专业、高效地创造出有价值的内容去吸引和影响客户。每个客户经理都可以成为一个闪闪发光的"自媒体个人 IP"。

除了增存稳存，中收创造主要来自"两金一险"产品的营销，但是这类产品的营销是不会在旦夕之间一蹴而就的。只有先"修池建塘"，才能"放水养鱼"，久久为功，这类复杂产品才能更好地持续出单。

很多银行伙伴和笔者说，日常网点有很多任务和指标亟须完成，虽然知晓这些事情很重要，但是并没有时间做。其实，我们都知道这不是原因。重要的是将客户关系的建立、递进和经营融入每次与客户的接触，从刻意到习惯，从习惯到自然。

在当前移动互联网金融时代，网点厅堂阵地已不再是主战场，而对于如何切实推进客户线上线下一体化经营，我们需要重新思考两个问题：一是客户需要什么，二是我们可以为客户创造什么价值。

一、 客户究竟要什么？

笔者在前文提到过一个观点，从表面上看，银行客户与客户经理之间最大的障碍，是缺乏熟识与信任，本质上是市场信息、客户需求、金融产品等信息的高度不对称。

以往笔者经常在课上分享一个观点：客户入账资金是否能被银行留住，首要的决定因素并不是产品收益，而是对客户是否有恰当的信息触达——有什么使用计划？需要现金管理，还是投资理财？风险规避是否到位？风险承受的限度在哪里？等等。把这些客户关心的问题（而不是营销人员关心的问题）都解决完，"产品"再粉墨登场也不迟。

总之，客户首先需要的不是产品，而是被关心、被解疑、被启发。在"最合适的时间"以"最恰当的方式"向客户传递"最有用的信息"是营销工作有效与否的关键。

正如大家所知：维护关系和稳增长资金的目标客户应该是以存量客户为主的全量客户，他们的到店率本来就很低，客户经理的主要工作模式也应该是"远程"的。

我们会发现，如果是熟悉的客户，远程交流不是问题，但在陌生或防备期阶段，"破冰"是最难的。客户经理在与陌生存量客户的前期接触中，遇到最多的就是拒绝。而客户拒绝的是什么呢？换位思考的话，答案很简单，客户拒绝的是"推销"。我们再做进一步思考，那客户能接受什么样的线上交流呢？

笔者将之总结为三类：一是能给我带来利益或帮助的；二是能使客户感受到重视与尊重的；三是真诚、专业的服务。

二、 利他原则

以最平常的电话营销为例，我们经常遇到下面这些情况：

◇客户没有耐心听电话介绍，或者没听就直接拒绝；

◇潜在客户说不需要我行的贵宾服务及各种产品；

◇通过电话给客户介绍产品以后，客户大多都听了，但没见过来银行办理业务；

◇约客户见面，客户总说没时间；

◇和客户第一次见面后，想再次通过电话约客户到银行来开户，客户总说没时间。

在遇到上述情况的时候，我们接着想想，客户拒绝的是产品还是你呢？客户是没需求还是缺乏信任呢？

亟待转变的是，我们需要有一个心理上的"营销站位"——在拿起电话之前一定要搞清楚打这通电话给客户能解决什么问题，带来什么收益？没有这个基础，打再多的电话都是无效沟通，甚至引起客户反感，进而造成客户流失。

这个基础我们归纳为"利他原则"。下面和大家分享一下与客户电话沟通的五个利他原则技巧。

（一）利他原则技巧一：前30秒先"卖"自己

开场白三部曲——建立信任。

第一步，身份确认。

"您好，请问是刘××，刘女士对吧？"

（要特别注意：如果是非本人接电话，立马改变话术内容，可用"客户的银行卡信息需要完善"或者"回馈送礼活动通知"进行替代，千万不要透露涉及客户资产隐私的内容。）

第二步，自我介绍。

"我是××银行××支行的×××，我行就在××建筑旁边，您在我们这儿办理过业务，您还记得吧？"

（停顿，给客户反应的时间。介绍自己时要具体，要把自己名字说出来，同时语速放慢；介绍网点时可提到网点附近标志性建筑物，增加客户的信任感。）

第三步，服务提示。

"现在我行正在集中进行贵宾客户的服务升级，支行委派我作为您的专属客户经理，这次与您联系也是先建立服务关系，便于后续给您提供针对性的贵宾服务。我会及时告知您在我行享有的贵宾专享权益、福利和产品，如果您需要我们的帮助，可以随时联系我。感谢您一直以来对我们工作的大力支持。"

（二）利他原则技巧二：电话中多说与客户有关的事情

切入点选择——客户只关心自己的事情。

首选已有的相关业务、售后服务、金融知识等进行沟通——基金、保险、理财、定期、代发、贷款、通知存款、三方存管、信用卡、信息完善、手机银行更新等。

次选权益福利——等级下降或临界提升提示、各类活动福利和权益等。

末选情感联络——生日、节日祝福，日常问候等。

最好不要简单地以送礼品、介绍高收益产品为切入点。

（三）利他原则技巧三：做产品介绍前先做需求引导

观念引导：

向客户介绍资管新规（风险、收益性、期限）。观念引导的目的在于和客户在理念方面达成一致，不急于过早嵌入产品推荐。

第三方引导：

第三方引导的目的在于通过别人的嘴巴说出你想说的话，增强影响力。比如，可以向客户说明有其他理财客户反馈理财净值偏差。

（四）利他原则技巧四：多给建议少做推销

下面以"大额活期闲置"场景话术为例来进行说明。

讲数据：

"10 万元存为活期，利率只有 0.××%，而账户升级后利率能达到××%，是活期利率的××倍，每年利息××元。"（注：目前，利率已进一步下调。）

做对比：

"账户升级就是签约我们的通知存款业务，它和活期一样都不影响资金的正常使用，但比活期的收益要高出来××倍。您做生意的肯定更明白，早一天签就早一天计息，晚一天签就损失一天利息。"

布场景：

"××元都够买一台冰箱/65 寸的液晶电视了，您说是吧?"

（五）利他原则技巧五：营销是服务的开始

第一类跟进客户——未成功营销的客户。

把握客户再开发的原则：

第一，准客户原则。确认对方是值得再开发的准客户，即对提供的服务和产品有需求、有兴趣，有权做购买决定的客户。

第二，时间原则。对未营销成功的客户应兼顾客户的意愿，短期内至少进行三次电话沟通，"趁热打铁"成功营销。

做好再开发通话前的准备工作：

第一，对之前通话的内容和结果做回顾和分析。

第二，对客户的最新情况和投资需求做出分析。

第三，综合两方面的分析结果，准备好再开发的通话内容。

第二类跟进客户——成功营销的客户。

跟进的目的：

第一，做好客情维护，增加信任度。

第二，推广最新的产品，分享金融信息。

第三，挖掘客户更深层次的投资需求。

跟进的注意事项：

第一，直接称呼对方，传递亲切感，营造轻松愉快的通话氛围。

第二，详细介绍自己，建立并加深与客户间的信任关系。

第三，产品营销不要过于直接，当客户表示反感时，及时切回服务跟进。

随着个人金融业务的互联网化和自助化，商业银行的营销策略和客户服务模式正经历着深刻的变革。在这一过程中，我们认识到，传统的"流量思维"已逐渐让位于"存量思维"，而客户关系的维护和深化成为商业银行经营成功的关键。通过数智化管户平台，我们能够更高效地管理客户关系，提升服务的个性化和专业性。

在新的营销时代，我们强调的是价值获客，通过多元化的信息传递方式，如图文、音频、视频和直播等，吸引和影响客户。每一位客户经理都有机会成为自己领域的"自媒体个人IP"，通过提供专业、有价值的内容来建立信任和依赖。

然而，要实现这一目标，我们必须从根本上理解客户的真实需求，打破信息不对称的壁垒。客户需要的不仅是金融产品，更需要的是被关心、被解疑和被启发。我们应当在最合适的时间，以最恰当的方式，向客户传递最有用的信息。

此外，遵循利他原则，提供真诚、专业的服务，建立长期的关系，是我们在电话营销和线上交流中应当坚持的。通过倾听、尊重、教育和透明沟通，我们可以逐步赢得客户的信任，从而在竞争激烈的市场中获得优势。

　　未来，银行个人业务的发展将更加依赖于创新的营销策略和客户服务模式。我们必须不断学习、适应和引领变化，以确保在不断演变的金融市场中保持竞争力。

综合营销——如何摒弃低效的单一产品营销方式？

随着银行业竞争的日益激烈，单纯、孤立的产品营销和关系营销已经难以适应市场的发展。银行业的比拼，更多关注的是对产品、客户、资源的整合能力，综合化经营能力成为优秀银行保持市场领先地位的核心竞争力。传统银行，面对激烈的竞争压力和互联网金融的冲击，必须依托网点优势和客户存量，强化对客户的组合营销与综合经营，最大化提升客户价值，方能在银行业转型之路上实现"弯道超车"。

公司银行业务和个人银行业务在过去的银行经营理念中，往往是各自为战，各管一方，缺乏有效的协调，对公客户经理只懂得对公业务，对私客户经理只懂得对私业务，严重浪费全行的资源。

中国建设银行内部有一个管理共识：如果能建立综合客户经理队伍，人员成本将降低一半，业绩反而可以呈几何级数增长。所以，在10多年前，该行就大力推进了"三综合"的转型工程。

平安银行在保险作为主业的前提下，大力打造综合金融服务，保险、银行、投资三驾马车并驾齐驱，仅仅银行就有三块牌照——平安银行、深圳市商业银行、深圳发展银行；同时，让高级客户经理下沉到一线，为客户打造一站式金融服务，为交叉销售做准备。

民生银行独树一帜，在银行业率先启动事业部制度。事业部的本质是在目前国内金融处于分业经营状态下，整合行内外资源，为客户提供一体化、一站式、一揽子金融服务。

当前，大多数银行网点都是综合型网点，一改过往以零售业务为主的方式，资产业务在下沉，对公业务也在下沉。综合化是银行网点发展的趋势，在重塑实体网点的价值路上，综合营销是一把重要的利器。

下面，笔者从公私联动、存贷联动和重点客群综合营销三个方面解析综合营销。

一、 公私联动营销

（一） 资源盘点，联动营销

首先重点考虑政府机关、企事业单位及学校、医院等优质客户。除上述群体外，以下几种客户群体比较容易突破，见效快。

一是重点梳理挖掘目前未代发工资的对公客户，尤其是基本户、信贷户，此类客户是公私联动的重中之重。为大力拓展中高端优质客户，对于已代发工资的对公客户，在公私联动的同时，零售、对公客户经理应定期回访、深度挖掘、充分了解客户的具体需求，可有针对性地提供个性化产品、专享权益及优惠措施。

二是重点拓展中小、小微企业，包括工厂、公司、商贸客户等。此类客户群体有如下特点：

（1） 单个公司人员不多，规模不大，发展初期阶段缺乏流动性资金，但从长远来看具有成长潜力；

（2） 目前往往对此类客户比较容易忽视，根据长远的发展策略和客户定位，需要重点关注中小企业。

三是重点拓展供应链核心企业、大型商场商城、批发市场、行业协会、小额贷款公司、担保公司、高端服务企业等。此类客户群体获取信息的来源广，且接触的大多是手头闲置资金较多或对资金有紧急需求的客户。拓展这部分客户代发工资业务时，可通过中介获取潜在的中高端客户（个贷、理财）。

（二） 具体营销策略

首先是建立不同层级的定期拜访机制。

领导层面的定期拜访：分支行主要领导和公司、零售条线的分管、协管领导、部门主管要定期拜访本行重要的公司客户高层管理人员，及时了解客户的对公、对私需求。

客户经理层面的定期拜访：要将本网点的对公客户分配给不同的营销维护人员，与客户公司中的关键人员包括财务经理、业务经理等定期沟通，对他们定期拜访，了解相关业务信息和需求。

其次是为客户公司高层领导、财务总监等量身定制个性化产品和服务方案。

比如提供配套的贴心服务、专享的优惠措施，可免费办理 VIP 卡，并享受一系列贵宾服务。在符合个人贷款条件时，其可优先受理并享受绿色审批通道服务。可针对公司高层领导、财务总监等提供优先个人综合授信。在公司（企业）经营状况稳定、风险可控的情况下，可针对公司法人代表（企业主）或实际控制人提供个人经营性贷款和专享的对公及个人客户经理服务，提供一对一的综合金融服务。

针对如何高效展开公私联动营销，下面笔者分享一个公私联动营销对公存量客户定期存款 100 万元的案例。

客户是某企业的经办员，属于对公客户群体。客户经理与该企业建立了良好的关系，经常上门拜访以维护客户对公业务关系。在最近的电话沟通中，客户经理采取了寒暄问候的方式，以轻松的对话作为沟通的开始。

尽管客户经理与客户关系熟络，但以往的沟通更多只是涉及对公业务。此次交流中，客户经理进一步深入了解了客户的个人家庭背景，了解到客户家庭其他成员主要做水产生意，并得知客户家庭近期有一笔大额的闲置资金。

基于对客户家庭资金状况的了解，客户经理提出了一个产品配置方案。建议客户在确保流动资金的基础上，将部分闲置资金配置到短期定期存款产品中，以获得更高的资金收益；同时，流动资金也可用于配置活期理财产品从而升级收益。客户对此方案表示高度认同，并立即决定将他行的 100 万元资金转入，配置为期 3 个月的定期存款产品。

从上述这个简单的案例中，我们可以看到针对对公客户中的关键人，要积极营销其个人产品的配置，以提高客户公私业务整体的黏性。为此，需要定期对客户展开情感维护、公私产品的综合服务。在日常办理业务时提供优质服务，与客户形成较好的客情关系，通过常态化交流和跟踪维护，深入了解客户公司及个人情况，提升对公客户关键人的个人产品配置覆盖率，在促进个人业务发展的同时，有效提升客户对公业务的黏性。

随着客户金融需求日益多元化和商业银行同质化竞争加剧，推行公司与个人业务联动营销是商业银行适应市场发展、增强竞争能力、创造业绩的必经之路。而公私联动最终的高效实现，其实是建立在银行的零售业务和公司业务发展都相对均衡或者说是相对完善的阶段。

公私联动及私公联动是业绩增长新的突破点，"单打独斗，单兵作战，就客户谈客户，就产品谈产品"的销售模式已然转变为"天下为公，全行一盘棋"的全盘经营策略，任重而道远。

二、 存贷联动营销

在目前的经济形势下，个人贷款是一种紧缺的市场资源，在公私联动获客基础上，资产业务获客也已经成为各大银行重要的抓手，以此不断积累大量的优质客户群体。各银行可抓住这个契机，加强如线上信用贷目标企事业单位的公私联动，开展交叉营销工作。一方面通过个贷的发放，进一步提升个贷业务的品牌影响力；另一方面利用个贷这种工具更好地服务公司客户、优良个人客户，密切银企、银客关系，更多地创造包括公司存款、个人存款、代发代扣、结算沉淀资金、POS 等综合效益。

针对如何对个贷客户进行二次挖掘和营销？下面笔者分享一个理财经理营销一位个贷客户定期存款 200 万元的案例。

理财经理张××聚焦个贷客群，对一位存量房贷潜力客户进行跟进营销，在与客户沟通中进一步挖掘客户价值。

一是识别客户。这位客户是来网点办理业务时被挖掘出的潜在高净值客户。在客户办理业务过程中，张经理主动帮助客户解决业务问题，发现客户因为卖房获得大额闲置资金，未做相关安排。在沟通的过程中，张经理了解到客户已经在本行购买了 500 万元大额存单产品。

二是探寻需求。客户购买完大额存单后，仍有他行闲置资金未进行配置，张经理在沟通中，引导客户继续将闲置资金做一些产品配置，以提高资金收益。客户表示有做理财的意愿，但同时表示自己投资风格偏向于保守。

三是权益引存。张经理在掌握客户对产品的偏好后，以私行客户权益作为切入点，建议客户购买定期产品。因为客户之前已经购买了 500 万元大额存单，若再配置一部分资金，便可成为私行客户，有很多权益可以享受，并且可以最大限度保证资金的安全性和锁定稳健收益。

最终，客户认同了张经理的产品推荐，当即转入资金，办理定期存款 200 万元。

从上述这个简单的案例中，我们可以看到，针对个贷客户要做好贷前、贷中、贷后的跟踪和维护，特别是要重视潜在的资金及房屋转售变现的大量现金流，这为我们进行存款及基金、保险营销提供了必要的前提。所以，个贷客户的日常维护尤为重要，持续跟进和及时掌握客户资金动向，是我们对该类客户进行二次挖掘和营销的必要前提。

三、　重点客群综合营销

在当今多元化的金融环境中，银行业务的创新与发展离不开对不同客群需求的精准把握和有效满足。特别是针对企业主、商贸客户和工薪阶层这三个重点客群，银行机构需要深入分析其独特的金融需求，并设计出与之相匹配的综合营销策略。

笔者将从这三个客群的特征出发，探讨他们的需求，并提出相应的产品组合营销策略，以期为大家提供有价值的参考。

（一）企业主客群综合营销

1. 企业主客群特征及需求分析

（1）注重周期短、额度小、审批高效的贷款

在目前我国小微企业发展尚处于初级阶段的背景下，小微企业面临融资难的问题。小微企业市场占有率低、固定资产少、资金链容易断的现状决定了其贷款需求。

（2）对自由现金流资金有常态化需求

小微企业受外部环境的影响较大，因此对于资金的流动性要求比较高。

（3）关注市场走向，注重规模扩张

注重获取行业市场信息，关注相关行业发展状况，同业信息获取主动性强。着重资产积累以及人员规模、市场占有规模扩张。

（4）企业便捷管理消费需求

小微企业客户普遍对于电子银行类便捷工薪工资、转账的金融服务有强烈的需求，此类客户普遍转账业务较多。一些发展较好的小微企业对于提高企业运作效率、增强资金流动性有较高的要求。

（5）高端消费动机

小微企业客户在个人资金有一定累积、取得一定成功后，无论是出于应酬还是个人消费理念等因素，对于高端消费、旅游、考察等方面都有一定的需求。

2. 企业主客群产品组合营销策略

资产适合产品：企业信用贷款、企业抵质押及担保贷款、消费贷款、个人综合授信等。

负债适合产品：通知存款、协议存款或定期存款。

银行卡适合产品：贵宾借记卡及信用卡。

理财适合产品：结构性存款、短期固定期限理财产品、开放式理财产品、保险及家族信托产品。

基金适合产品：混合型及股票型基金、大额定投等。

（二）商贸客群综合营销

1. 商贸客群特征分析

（1）高端商贸客群

其特点是资金往来频繁，活期沉淀余额大，潜在金融产品购买能力强。此类客户对网点的存款影响较大，对银行的忠诚度比较低，但其财富价值却高于普通商贸客户。提升此类客户服务体验满意度、增强其忠诚度所带来的价值是非常明显的。

（2）普通商贸客群

其特点是活期沉淀余额不多，资金流动性要求不高，注重财富的增值。此类客群是网点保持存款稳定、增加中间业务收益的重要目标客群。

2. 商贸客群需求分析

（1）资金结算便利，注重资金流动性

商贸客群整体上进货周期比较短，资金周转速度比较快，因此对于现有资金的查收、转账、流动性有很高的要求。

（2）短期小额贷款

经济市场的瞬息万变时刻影响着商贸客群的经营，为维持经营、扩大市场规模，商贸客群需频繁申请短期小额贷款来弥补临时性资金短缺。

（3）注重财富增值

随着物价的不断上涨，商贸客群对财富的保值增值需求愈发强烈。一般来说，商贸客群对理财、投资抱有积极的心态。

（4）中高档消费需求

商贸客群对消费的需求由其社会属性所决定。部分商贸客户在社会交往中通过寻求中高档消费维护社交关系。

3. 商贸客群产品组合营销策略

资产适合产品：个人经营贷款、个人商业用房贷款业务、消费贷款、个人综合授信等。

负债适合产品：商贸通卡、跨行资金归集、商贸业主收款二维码及POS机、通知存款或协议存款。

银行卡适合产品：贵宾借记卡及信用卡。

理财适合产品：结构性存款、短期固定期限理财产品、开放式理财产品及保险产品。

基金适合产品：货币基金、基金定投等。

（三）工薪客群综合营销

1. 工薪客群特征及需求分析

（1）高端的工薪客群

其特点是每次工薪金额大，存款稳定，由工薪业务"被动"带来的个人储蓄客户在银行的存款沉淀率高、贡献大。其他中间业务如理财业务、保险业务比较容易开展，潜在高端客户价值不可小视。

（2）低端工薪客户

其特点是每月工薪金额小，人数多，人员分散，一般在工资发放后几天就急于将工资的大部分支出，在银行存款较少，对银行的贡献度小。可以在其他方面，比如电子银行、信用卡、理财等简单产品上提高其综合贡献度和资金稳定性。

2. 工薪客群产品组合营销策略

资产适合产品：贵宾客户授信、消费类贷款。

负债适合产品：定期存款、通知存款。

银行卡适合产品：工资卡、信用卡（分期）。

理财适合产品：结构性存款、短期固定期限理财产品、开放式理财产品及保险产品。

基金适合产品：货币基金、基金定投等。

通过对企业主、商贸客户和工薪阶层这三个重点客群的综合营销策略的深入分析，我们可以看到，银行业务的发展必须建立在对客户需求的深刻理解的基础之上。无论是小微企业对短期高效贷款的需求，商贸客户对资金流动性的高要求，还是工薪阶层对稳定储蓄和增值服务的追求，都指向了银行服务个性化、定制化的趋势。

随着金融市场的不断演进和客户需求的日益多样化，银行业的综合营销策略显得尤为重要。银行不仅要提供多样化的金融产品，更要通过综合营销策略，实现产品与服务的有机结合，以满足不同客群的多元化金融需求。这不仅有助于提升客户的满意度和忠诚度，也将进一步增强银行的市场竞争力，实现可持续发展。

未来，银行应继续深化对客群特征的研究，不断创新服务模式，加强内部资源整合，通过公私联动、存贷联动以及针对不同客群的产品组合营销，以更加开放和协作的姿态，迎接市场的挑战。

私公联动——如何通过"以私促公"拓展对公业务?

前文已经谈道,"综合化营销"已然成为当前各大银行网点转型升级的重要趋势之一。早在 2012 年,中国建设银行就根据对未来市场的战略分析,提出了"综合性、多功能、集约化"的转型战略定位,进而实施了网点转型层面的"三综合"建设工程,旨在打造综合性网点、综合制柜员和综合营销队伍,大力开展和强化联动营销工作。

十多年前,中国建设银行在同业中率先推行网点综合服务新模式。从这时候开始,"公私联动"一词,就频繁出现在各大银行的营销规划和营销活动中。

在笔者看来,各大银行过去十年是以"零售银行"为战略重心的,所以在推进"公私联动"上,更着力于"以公促私"的方向,以此实现批量化获客及客户综合化经营,并在对公条线为零售客户挖掘优质资产,服务全行零售业务发展战略,抢占优质客户资源和未来大财富管理时代的重要生态位。在此,笔者将这个阶段称为"公私联动"的"上半场"。

那"下半场"是什么呢?笔者认为是"以私促公",银行业也将进入 B 端和 C 端同步发力的时代,实现两端相互促进、相互支撑的联动效应。

笔者将围绕"私公联动、以私促公"这一方向,从难点分析、机制建设、客群资源盘点、联动流程建设、营销案例等方面进行剖析。

一、"私公联动" 有效推进的症结点分析

（一）部门单线作战思维

大多数银行都设置了条线管理部门，对应不同条线业务、队伍、考核和目标客群等，但同时也存在各条线各自单线作战的情况，导致部门联动营销不足。在向下传递中，直接影响支行和网点的综合联动营销也同样缺失。从联动营销来看，各条线部门和岗位人员偶尔会互相帮忙，但还未形成真正意义上的综合营销的意识、机制和专业能力。

（二）缺乏联动营销的机制保障

相信很多银行都在开展联动营销工作，但笔者在大量银行的咨询培训项目调研和实践中发现，由于缺乏相关落地机制和有效推动措施的保障，工作推进呈现随意、无序、低效等特征。而机制的保障涉及综合营销队伍建设及培养、公私联动目标客群资源定期盘点、私公联动目标客群资源定期盘点、综合绩效考核及分润激励机制和联动营销日常管理机制建设等各方面。

根据上述分析，高效有序推进私公联动营销，是一项系统性工作。笔者将聚焦"私公联动目标客群资源盘点"这项课题展开具体的解析。

二、 私公联动目标客群资源如何盘点排查？

（一）分层盘点

优先盘点私行客户。对比各银行私行客户标准，除招商银行门槛定在 1 000 万元、中国银行定在 800 万元，其他银行的私行客户标准多为月日均资产在 600 万元及以上的零售客户。按照 2022 年的统计数据，有 5 家银行的私行客户数超 10 万户（中国工商银行、中国农业银行、中国银行、中国建设银行、招商银行）。而按照私行客户的职业调研数

据，私营企业主在私行客户中占有较高比例，占比达到55%，还有近20%为企业高管群体。可见，单是高净值这一层级客群就有巨大的私公联动空间。

按照分层优先级盘点排查高净值客户的企业经营背景情况，成为各银行在进行私公联动时的首要任务。如作为国内私行业务龙头银行的招商银行，在此项工作上也是领先同业。首先在队伍建设上，招商银行就有直接引入公司条线人员进入私行部门，以及培养"两栖能力"兼具的私行营销人员的措施。这既能为高净值人群提供个性化的投顾服务、私行服务，也能满足与其强关联企业的投融资需求。构建跨条线的"公私互转"机制，在通过公私联动获取高端客户的同时，也能着力推进以私促公的工作。

我们也看到，私行客户在与金融机构的往来中，价值需求已然不局限于个人财富保值增值，其对企业经营等多元化的服务也有需求。所以，我们在为个人优质客户提供服务时，在侧重制订个人金融服务方案的同时，也需要兼顾设计企业融资、财务顾问、税务规划等企业金融服务方案，实现公私业务无缝对接。私行高净值客户具体的需求分析如表1-3所示。

表1-3 私行高净值客户需求分析

序号	服务项目	客户需求
1	资产配置	更高程度的分散化投资或以更稳健的方式实现资产配置的目标
2	财富传承与保障	整合子女教育、移民留学、法律税务等方面的资源，并提供与传承目标相配套的金融工具和服务
3	跨境金融服务	降低当地货币汇率变化给个人财富带来的风险，实现更高程度的分散化投资 全球人生规划（留学、移民、境外投资和融资等）

表1-3（续）

序号	服务项目	客户需求
4	法律咨询与税务咨询服务	各种各样的涉及财产和人身的法律问题，需要执业律师做出解释、说明，提出建议或出具解决方案；专业的税务咨询服务
5	企业管理咨询	企业经营管理过程中的战略规划、经营计划、组织结构安排以及公司治理等方面的咨询服务
6	私人银行客户增值服务	商旅、医疗、教育、旅行等生活消费类场景

　　笔者在下文分享了一个针对私行客户实控企业的营销案例，客户个人资产主要在××银行进行配置，但其前期实控企业未与××银行发生过信贷业务往来，也未在××银行开立对公账户。相信此案例可以对大家有所启发。

　　（二）定期盘点及互转机制建设

　　存量中高端客户日常主要都由银行的零售客户经理在管户，而存量客户中有大量大型企业高管和中小企业主。如何调动零售客户经理的积极性，使其有序、持续、有效地推进私公联动工作，成为一个需要直面的问题。除了优化综合营销绩效考核和激励机制、综合营销能力提升培训外，在日常营销组织管理中，也需要围绕零售高端客户及个贷客户的对公背景，定期开展挖掘和转介绍工作。

　　如某银行成立"客户经理联动小组"，行内提出要求，每周每位零售客户经理至少向组队的对公客户经理转介绍2位企业主或企业中高管客户。针对收集到的客户信息，及时与客户进行综合服务沟通，根据客户企业经营和潜在需求分析，为客户设计综合产品、服务解决方案。同时，每周一上午召开专项公私联动会议，个人客户经理和对公客户经理提供联动项目，对上周公私联动、私公联动工作的落实情况进行通报。在此基础上，分析经验、总结存在的问题并提出解决的办法等，确定目标客户，研究工作措施，明确牵头部门及负责人，确保公私联动和私公联动工作有序推进。

（三）数智化管户系统盘点

当前，针对个人贵宾客户的日常管理维护，大多数银行都是有较为健全的管户 CRM 系统的。我们在"管户营销"中，会谈到分层、分类、分级的"三分管户"的方式方法，而在"管户分类"这个课题中，会特别强调对客户的行业和职业的不同属性进行标签分类。

笔者在银行咨询培训项目中，关注到某国有银行一级分行自主开发的管户系统中，有一项功能叫"智能搜客"，其中就有"企业主"这个标签，可以直接进行一键搜索，筛选出哪些存量贵宾客户是"企业主"。在平台的大数据筛选分析模型里，主要是客户开户时登记的个人职业信息，标注为"企业负责人"的客户会进入筛选模型。如果能进一步打通政府工商系统的链接，直接基于客户个人信息关联企业工商注册信息，笔者认为基于大数据的排查筛选将更为全面、精确和动态化。同时，还可以通过"大额资金转账"这类管户系统商机提醒功能，重点关注此类客户，探寻客户是否有企业经营背景，进一步推动私公联动工作。

（四）企查查等外部三方平台

企查查 App 有一项功能是"人脉雷达"，可以通过读取个人通信录的方式，快速通过大数据匹配具有对公背景的客户。日常可以针对这类客户，有意识地加强私公联动，探寻客户企业经营背景、企业经营情况及潜在对公业务需求。

当前，银行业竞争白热化，很多银行伙伴反馈行业已然从"外卷"转变为"内卷"，感觉已经"卷不动了"。具体呈现为各条线指标多、业绩压力大、营销人员少、营销时间不足等各方面问题。

在这样的大背景下，笔者认为，当前银行的营销更需要在繁杂的工作中"抓重点、提效率"。"抓重点"可以体现为抓重点层级（如私行级等）、重点类型客户（如企业主客群等）；"提效率"可以体现为强化精准营销和综合营销，以此方式优化营销体系。

"以私促公"，更需要高效有序地持续推动，实现公私业务之间的相互赋能！

附：私公联动营销案例分享

私公联动精准营销，配好产品公私共赢

——针对个人优质客户实控企业的营销案例

一、案例简介

（一）营销目的

××银行通过私公联动找准目标客户——企业负责人，以客户个人习惯作为切入点，提高与客户日常沟通的频率，同时通过掌握企业实际经营情况和需求，让客户及时并充分了解信贷产品的优点，基于该行自身的品牌和优势，让客户不断加深对该行的信任。该行在多家金融机构的竞争中脱颖而出。

（二）客户简介

××市××区××××材料厂，位于××市××区，企业负责人是××，本地人，常居××地，早期在××地从事硅橡胶材料生产与销售工作，经营该行业超过10年。2021年该企业资产总额为1 528万元，资产负债率为58%，年销售收入为4 864万元，具有稳定的资金流入。

（三）××银行与客户的合作情况

企业负责人为××银行私行客户，个人资产主要在该行进行配置。2022年5月前，其实控企业未与××银行发生过信贷业务往来，也未在该行开立对公账户。2022 年，网点营销人员了解到客户想开立银行承兑汇票，为此该行通过私公联动进行有效营销，最后成功与客户建立信贷关系。

二、营销难点

第一，企业基本户开立在××农商行，大部分结算都在该账户，结算迁移至××银行有一定的难度。

第二，企业曾了解过××农商行的银行承兑汇票业务，经过对比发现，因企业为异地客户，在业务审批流程、增额授信等问题上可能会出现无法匹配其需求的情况。

三、营销措施

（一）密切联系，深挖需求，营销自身优势

网点营销人员在与企业负责人的日常沟通中，了解到其实控企业有开立银行承兑汇票的需求，且正在咨询各家银行的相关产品。为此，网点营销人员提高沟通频率，同时将相关信息向支行对公主管行长汇报。由于企业开立票据对象多为央企客户，对承兑行有一定的要求，因此该行通过提升层次深入营销，最终以国有大型银行的口碑和优势赢得了业务。

（二）私公联动，专业服务，赢得客户信赖

客户在××银行开立了定期存单，因此，××银行在提升营销层次的同时通过私公联动，在与个人建立良好信任关系的基础上，通过专业的介绍，不断地给客户灌输专业的银行承兑业务的相关知识，并使客户了解到该业务有助于企业经营运作，进一步加深了客户对该行的信任。

四、营销成果

成果 1：在给企业带来结算便利的同时，也带来了保证金资金沉淀。从与客户建立信贷关系开始，××银行成功审批并开立银行承兑汇票 2 700 多万元，其中 2022 年度开立票据金额为 1 300 多万元，开票金额的 30% 作为保证金在××银行账户滚动留存，为企业后期结算资金的留存夯实了基础。

成果 2：以银行承兑汇票为抓手进行延伸营销进一步提升公司存款沉淀。在开立银行承兑汇票的基础上，××银行建议企业将未到期支付的货款以开立单位定期存单的方式降低成本，促使企业 2022 年 12 月末在该行的日均存款达到 800 多万元。

成果 3：进一步强化了公私联动，深化了银企关系。在建立稳定的信贷关系基础上，××银行有效向客户营销了保险、国债、定期等产品。

五、总结规律

日常多接触沟通，及时捕捉、传递有效信息，获取营销先机。日常工作中，网点营销人员有重点地进行客户营销，本案例中存在企业负责人为××银行私行客户，但其公司并未在该行开立账户的情况。网点人员与客户保持日常联系，在及时获取有效信息后提高了客户维护频率并迅速向支行进行反馈，提升了营销层级、优化了营销方式。支行客户部门详尽分析客户的基本情况，制订专属金融方案，在营销中赢得了先机。

熟悉可提供的产品，为客户提供配套合适的专业服务。企业客户需求多样，且实际经营情况各不相同。银行的信贷产品非常丰富，如不能针对企业实际情况准确配套合适产品，就可能出现中途变更信贷方案、重走流程导致审批时间延长等问题，严重影响客户体验并让银行后续营销工作陷入被动。客户经理日常积极与企业客户沟通，准确把握企业实际情况，熟悉各项产品的具体要求，如果在前期的资料收集、产品选择、系统信息维护等方面一步到位，就能有效缩短审批时间，带给客户良好的服务体验。

六、相关产品

相关产品包括一般银行承兑汇票、个人及单位定期存单。

七、问题回顾

(一)如何发现这个客户的商机?

了解优质个人客户(如私行客户、个人大额定期存单客户)是否有实体经营企业;进一步了解该企业的生产经营和上游客户情况,以挖掘办理银行承兑汇票的需求。

(二)银行的产品满足了客户哪方面的需求?

满足了客户上游企业收取国有大型银行承兑汇票的需求,同时也满足了客户办理稳健信贷产品的金融需求。

(三)平时做好哪些准备工作,才能在机会出现时及时把握?

认真梳理分析优质个人客户背后的实控企业,尤其是有办理定期存单业务的个人或者企业,保持定期的拜访沟通,及时了解企业需求,适时提升营销层次。

场景营销——数智化背景下如何重构网点厅堂营销阵地？

当下，很多客户到银行网点的次数越来越少，即使来到网点也对业务办理的效率有要求，很反感网点工作人员煞费苦心引导其购买产品。面对这些问题，网点应基于与客户交互方式和状态的变化，及时优化服务营销策略。

基于上述背景，我们可以从两个维度解析在"数智化背景下如何重构网点厅堂营销阵地？"这一课题。

一是银行网点与客户建立多渠道的、立体化的、常态化持续陪伴的服务关系，形成"线上线下一体化"营销格局。

二是需要借助科技的支撑，对客户在进入厅堂后的识别更加高效精准，产品推荐更加符合客户画像和潜在需求，与客户的沟通更加高效专业，让客户能快速感知所推荐的金融产品或服务的价值及与其的匹配性，从而激发客户的购买兴趣。

一、 数智化网点的"场景营销" 基本原则

基于上述两点，笔者接下来和大家分享一下数智化网点的"场景营销"基本原则。

一是弱关系原则。在移动互联网时代，弱关系具有传播速度极快、成本低和效能高的特征。

二是感官激发原则。调研发现，在营销过程中，如果单纯强调产品价格和卖点，将失去80%的客户交流机会。数智化网点的优势就在于可以通过各种线上平台及线下智能机具的显性化、科技化的直观展示，与

客户产生感官联系，激发客户的感官思考，比如使用智能财富投顾健诊、智慧诊疗仪、智能机器人等。

三是情感营销和权益体验原则。客户在网点的短暂停留中，营销人员如果一味营销，客户就会产生反感情绪。所以在整体的服务营销流程和各岗位营销场景中，务必从客户情感关怀和权益享受体验切入，在沟通中拉近情感距离和探寻共同话题，并与金融服务产生连接，做到适配性产品营销在后，使客户对金融服务的价值予以肯定。

四是在沟通语言中参考"AIDA 法则"。其魅力在于"吸引注意、引导兴趣和激发购买欲望"，可以延伸为四方面。第一方面：这是什么产品或金融服务；第二方面：特别适合什么样的客户；第三方面：办理后可以得到什么样的益处，能帮助解决什么样的问题；第四方面：最后的促成话术。

二、 数智化场景中的获客创新模式

数智化转型必然会使网点和员工队伍经历转型的阵痛期，传统的柜员、大堂经理、理财经理、对公客户经理等都需要适应并掌握数智化趋势下的线上线下一体化营销获客、客户维护和营销的创新经营模式。

接下来，我们具体谈一谈在数智化场景下有哪些重点获客创新模式。需要强调的是，要多渠道利用资源进行立体化客户开发和客户价值提升。笔者在此与大家分享四种方式（见图 1-1）。

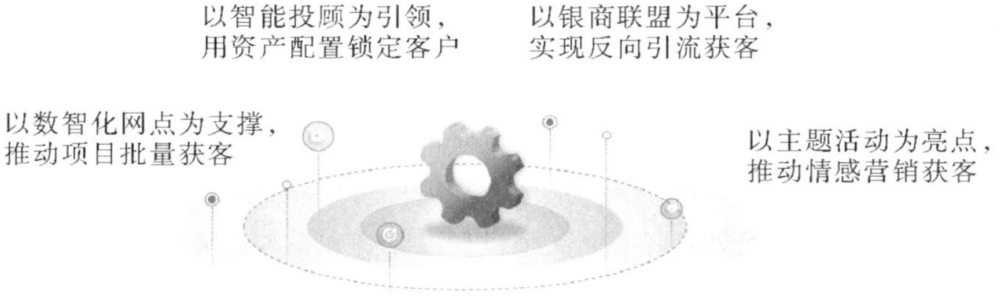

以智能投顾为引领，
用资产配置锁定客户

以银商联盟为平台，
实现反向引流获客

以数智化网点为支撑，
推动项目批量获客

以主题活动为亮点，
推动情感营销获客

图 1-1　多渠道进行立体化客户开发和客户价值提升

一是以数智化网点为支撑，推动项目批量获客。数智化时代，银行开发了一系列智能设备、数字化平台，以及外部银政系统和银医银校平台等。特别是将数智化系统植入、融入外部客户系统，对项目获客将产生强大的助力，可以充分利用智能设备优势，结合社保、公积金、代收付等项目获客，推进公私联动、代发工资、线上团办信用卡、代发补贴款、批量授信等项目，实现零售业务批发做，并开展后续的针对性服务，营销锁定客户，培育客户使用习惯、转换主交易银行关系。

二是以智能投顾为引领，用资产配置锁定客户。当前，我国大多数客户的金融产品配置并不能为家庭生活提供足够的金融保障，或者无法在风险可控、动态优化前提下实现财富的保值增值，是缺乏专业理财理念和资产配置知识的。未来网点要从简单推销产品的模式向为客户提供顾问式的专业综合服务营销模式转变。以数智化科技支撑为工具体现专业性，高效为客户分析市场动态、业务政策、适配性产品组合等，开展智能健诊，培育引导客户通过合理的资产配置方式防范单一产品及动态市场的风险，并实现适配性产品的更多动态组合覆盖，实现对目标客户的全生命周期陪伴。

三是以银商联盟为平台，实现反向引流获客。平台建立的目的不单是银行单向为商家引流，为客户提供增值服务，还可以进行反向引流，通过为不同消费频率、不同客流量的商家介绍不同层级客户、开展客户体验活动、提供营销资源等方式，实现商户客户反向引流到银行网点的目的。

四是以主题活动为亮点，推动情感营销获客。当前，很多中小银行往往以产品定价优势获客，而大型银行以品牌和系统优势锁定各层级各类型客户，自上而下地靠资源，而非自下而上地通过客户活动组织推进。数智化转型倒逼银行网点提升活动组织策划执行能力，并学会整合各种商户、企业、客户资源共同开展活动。如与教育机构合作开展青少年财商教育、亲子教育等方面的体验活动、优惠服务等，让网点成为客户活动中心、交流中心，客户不再只是基于金融服务来到网点。

三、 数智化网点厅堂定位管理

厅堂定位管理是营业网点数智化服务营销流程转型升级的关键一步，是改善厅堂服务、增强客户体验、提升网点营销业绩的重要举措。

（一）厅堂定位管理的概念

厅堂是进行客户服务的主要场所，也是进行产品营销的主要阵地。引入厅堂定位管理机制，就是要通过确定厅堂不同区域的服务人员及服务内容，来确保厅堂每个区域内的客户都能接受相关的服务，从而增强客户体验，提升网点营销业绩。

（二）网点分区管理及定点站位

网点分区管理包括七个"号位"，分别对应不同的区域、服务内容、服务方式及值守岗位（见表1-4）。

表 1-4　网点分区管理及定点站位表

站位	区域	服务内容	服务方式	值守岗位
1 号位	迎客取号位	负责迎送接待客户，为客户取号并进行引导分流，识别贵宾客户并进行岗位传递	"站立式"值守服务	大堂副理
2 号位	智能化服务区	负责引导、指导客户使用智能化设备办理业务	"走动式"引导服务	大堂副理、弹性人员
3 号位	填单台及客户等候区	负责客户二次分流及指导客户预处理，进行客户营销。客户等候区是客户来到网点停留时间最长的区域。大堂经理要充分利用好客户在等候区等候的时机介绍产品。这一方面可以及时安抚因等候时间过长而情绪不安的客户，提升客户体验；另一方面可以进一步挖掘客户需求，往往会有意想不到的收获。大堂经理在该区域可以采取微沙龙或逐个发放折页的方式，重点关注在产品海报、贵金属展柜等营销元素前驻足的客户	"走动式"营销服务	大堂经理
4 号位	低柜区	负责办理复杂的非现金业务，进行产品销售	"七部曲"和"顾问式"销售服务	低柜柜员、产品经理或理财专员
5 号位	普通高柜区	负责为客户办理大额现金及无法分流到其他渠道办理的业务，进行简单产品的"一句话"营销		普通高柜柜员
6 号位	贵宾高柜区	负责为贵宾客户办理现金业务，并进行"一句话"营销		贵宾区高柜柜员

表1-4（续）

站位	区域	服务内容	服务方式	值守岗位
7号位	贵宾理财室	负责为到网点的客户提供理财咨询服务和贵宾客户日常维护服务，并在没有接待客户时，值守服务贵宾区大堂。"7号位"是客户经理负责的主要区域；是客户经理维护存量贵宾客户、开发潜在贵宾客户的主要区域；是在相对私密的环境里，进行一对一营销的区域。客户经理拥有较高的专业水平和营销技巧，可以更好地针对客户情况进行产品宣传和营销。因此，各网点要认真组织员工做好贵宾客户转推介工作，将符合条件的客户通过转推介等方式引导至贵宾室，这样既能提高客户体验，又能提高产品营销的成功率	"顾问式"营销服务	客户经理

在数智化浪潮的推动下，银行网点厅堂营销正经历着一场前所未有的变革，要想在这一变革中立于不败之地，银行必须重新思考和构建与客户的互动方式，将传统的服务模式转变为更加个性化、智能化和情感化的现代服务体验。

无论是通过智能设备和数字化平台的项目批量获客，还是利用智能投顾进行资产配置锁定客户，抑或是通过银商联盟和主题活动实现反向引流和情感营销，都要强调多渠道、立体化和常态化的客户关系管理的重要性。

同时，厅堂定位管理不仅是提升厅堂服务质量、增强客户体验的重要举措，也是提升网点营销业绩的关键。银行需要通过精细化的厅堂管理，实现对客户需求的快速响应和精准服务，从而在激烈的市场竞争中赢得主动。

　　展望未来，随着科技的不断进步和客户期望的不断提高，银行网点厅堂营销的创新之路仍将继续。我们需要持续关注市场动态，紧跟科技发展的步伐，不断探索新的营销模式和服务方式，以更好地满足客户的需求，提升自身的竞争力，实现可持续发展。

获客攻略——如何高效组织推进重点客群外拓营销?

随着我国金融市场逐步开放,利率市场化、金融脱媒愈演愈烈。国内银行面临外资银行、互联网金融企业、同业竞争等重重挑战。如何突出重围,打造新天地、创造新业绩是各家银行关注的重要课题。是墨守成规,继续坐以待"币",最终坐以待毙?还是转变观念、创新求变、主动出击?毫无疑问,变则通、通则盛,外拓营销是一种在变化世界中仍然不可或缺的营销策略、营销方法,"走出去"是银行持续主动求变、主动创新的重要体现。

进企业、进社区、进市场、进商户、进学校……银行人每天奔跑在路上。外拓营销在取得一定成果的同时,也逐渐使不少问题浮出水面,其中客户厌倦成为最主要的问题之一。

在主动出击的过程中,银行基层支行及网点人员是营销先锋,是主动营销的重要元素。一个未经过训练的银行营销人员,可能每天都在得罪银行的客户。未经过专业训练的客户经理做营销,就如同未经训练的士兵在打仗一样可怕。工欲善其事,必先利其器!

外拓营销,是银行网点经营模式从"坐商"转为"行商"后,所涌现出来的一种主动型营销方式。这种运动式的营销活动让不少金融机构尝到了甜头,认为这种"短、平、快"的以产品销售为核心的营销活动,确实能成为现有厅堂营销工作的有效补充。伴随着客户行为的转变与客户期望的不断提升,以及银行业竞争的白热化,简单粗暴的外拓营销在火热了短短几年之后,很快面临迭代、进化的要求。

外拓常见问题包括:

◇区域划分不清，外拓团队混战；

◇团队激励不够，外拓激情缺失；

◇产品定位失误，与客户不匹配；

◇周边客群不明，营销活动偏差；

◇接触策略缺少，客户排斥拒绝；

◇营销动作缺少，最终无功而返；

◇后期跟进缺少，商机难以转化；

◇售后服务没有，他行"策反"客户。

基于上述分析可以发现，对于网点金融生态圈的搭建，高效有序的外拓营销的重要性已经不容置疑。外拓营销作为实现网点营销目标的重要途径，可以有效收集客户需求、挖掘潜在价值、营销业务产品，从而增加获客来源，还能通过与客户建立多样化的业务合作关系，发挥客户的市场优势，促进业务的持续发展。

下面我们围绕"如何高效组织推进重点客群外拓营销？"这一课题进行分析。

一、　外拓营销的意义

一是实现网点目标。外拓营销是基于网点金融生态圈的实战型目标营销，通过对周边进行外拓营销，能最大限度地发挥地理优势、挖掘客户资源。

二是提升品牌影响力。通过外拓营销可以提升银行的品牌影响力，树立银行企业形象，通过真诚的服务和专业的素质来获得客户认同，深挖客户资源，实现长期营销战略。

三是提高客户忠诚度。通过外拓营销可以增加与客户交流互动的机会，拉近与客户的关系，建立长期稳定的客户关系，增强客户忠诚度。

四是实现业绩提升。通过对网点周边进行外拓营销，可以巩固原有客户群体，拓展新的客户群体，充分发挥网点地理位置优势，为客户提供便利，为网点创造效益，实现网点业绩的提升。

二、 外拓对象及外拓频次

（一）外拓对象

以网点为中心，沿网点周边主干道延伸2公里（重点合作客户维护营销不受距离限制）。外拓对象：社区、商户、政企单位等。

（二）外拓频次

根据网点分类，每月外拓1~4次。

三、 外拓营销三步骤

（一）前期准备

一是转变观念。思路决定出路，外拓营销最重要的是转变观念，将过去的"被动营销等客户"改为"主动营销找客户"，把外拓营销作为获客的重要手段，将外拓营销常态化。

二是目标制定。外拓的目标是品牌宣传、业务推广、客户开发、客户维护。必须根据营销制定具体目标，对谁外拓、外拓什么、怎么外拓等，使外拓营销更加高效。

三是信息收集。基于网点金融生态圈，注意信息的收集，包括了解目标客户群体、竞争对手情况，并加强对活动相关产品的认知，如客户群体的消费心理、消费习惯、竞争对手的营销策略和营销方案、产品特征等。

（二）中期实施

一是建立信任。营销人员要站在客户的角度思考问题，真心实意帮助客户解决问题，这样才能赢得客户的信任。只有建立了信任基础，才有进一步沟通的可能性，才能使客户有进一步了解产品的欲望。

二是需求挖掘。在未正式接触陌生客户前，客户的需求只是营销人员主观上预测的需求，可能是假象。只有通过深入交往才能挖掘客户的真实需求，通过专业知识的嵌入才能创造性地开发客户需求。

三是产品切入。无论是建立信任还是需求挖掘，最终目的都是向客户宣传品牌或者进行产品推广。没有好的产品就等于"无米之炊""无源之水"，所以营销人员根据客户需求，加上对产品的熟悉，就能利用拳头产品良好切入。同时要注意产品与客户的贴合度，要向合适的人推荐合适的产品。

四是邀约促成。受营销工具及远程业务办理等因素的限制，客户有意向购买的产品可能无法立即达成交易，这就需要营销人员做好信息收集，通过电话邀约客户到网点进行最后的销售。

（三）后期完善

一是客户信息整理。营销人员在取得客户的信息后，应对其加以整理，为有需求的客户进行金融方案的设计和实施，不断跟进，最终达成合作。对潜在客户进行分析跟进，建立下一步沟通的可能性，扩大需求点。很多客户在当时可能没有合作意向，但是并不代表他们与银行没有合作的可能性，对这类客户进行分类并寻找后期合作的可能性，比重新寻找目标客户要简单得多。

二是外拓营销总结。外拓营销不是一次营销行为，只有不断优化外拓营销方式，不断提升营销技巧，在数量与质量的双重保证下，才能给银行带来超乎预期的收益。

四、 外拓营销实践运用

（一）社区外拓营销

1. 事前准备

一是物料准备。要准备好申请表（借记卡、信用卡申请表，网银协议等）、宣传单页（产品介绍、活动介绍、专享产品组合介绍及服务指南）、营销人员名片、问卷调查表、海报、条幅、转盘（摇奖箱）、兑换券、抽奖礼品等。

二是场地布置。进行社区营销前，网点必须先与社区或小区物业沟通好合作，利用小区活动室、宣传栏、张贴海报等方式进行宣传预热，营造气氛。

2. 营销形式

一是信息收集。活动举办中，营销人员在现场派发宣传单，并请客户留下联系方式和理财需求，同时现场解答客户对相关产品的疑问，方便后期通过打电话等方式进行二次营销及深度挖掘。

二是现场摇奖。比如现场发放宣传单，依据宣传单内容进行有奖问答，回答正确的客户可以摇奖 1 次。奖品为不同折扣的购物券 20 张——五折的 10 张、六折的 5 张、七折的 5 张——用于购买日常消费用品（鸡蛋、大米、面粉、食用油、卫生纸等）。客户可以凭兑换到的购物券到指定网点选购商品。

三是设立小区宣传展板。比如利用物业宣传展板，其中一部分版面用于对活动、产品等重点宣传。

四是"扫楼"发放宣传单。营销人员在不影响住户生活的情况下，挨家挨户插放宣传单。

3. 营销宣传时间

每次 20~30 分钟。

（二）商户外拓营销

1. 事前准备

名片、宣传单页、调查问卷、实物样品等。

2. 营销切入点

（1）零钞兑换；

（2）办理 POS 机；

（3）提供个人和贵宾存款、代发工资、小企业和小额信贷、理财产品、商惠通卡、电子渠道类结算等服务；

（4）为商户提供不定期的金融知识宣传和培训，采用短信、微信、客户活动等形式；

（5）为管理人员、个体户业主办理贵宾卡，提供网点贵宾服务。

3. 获客策略

一是将灵活的线上或线下小额信用贷款授信和快捷审批业务作为获客抓手，解决商户流动资金需求不足的问题。

二是采用集群式的开发方式（如针对商贸市场、商场、商会协会、街道等）进行获客，如专项金融服务支持推介、专享福利权益宣传、免费安装或维护 POS 机等方式。

三是加大针对性金融产品推介和知识宣讲力度。如在商户市场发放宣传品（内部刊物等）、在公共场所设立"银行理财资讯栏"或定期发放"银行理财快讯"资料；或者为商户提供不定期的金融知识宣传和培训。

四是举办活动进行获客。如定期不限数量邀请商户管理层、优秀员工、商户代表参加银行组织的亲子教育、客户聚会、客户旅游、企业管理培训等客户关怀活动。

五是提升服务标准进行获客。如为商户市场管理方优秀员工和商户业主发放"银行贵宾区体验卡",为商户优秀员工和业主体验银行贵宾服务提供便利。

（三）政企单位外拓营销

1. 事前准备

一是了解企业客户的金融需求,制订需求解决方案及产品组合。

二是接触相关部门负责人,洽谈进驻企业计划与安排。

三是进驻前物料准备,包括会场布置、资料打印、课件上传等。

2. 营销形式

一是营销路演。最好能够走进网点周边的企业单位内部,如果有困难,可以在企业单位周边进行路演,增加优势产品曝光率和银行品牌的影响力。同时可以通过路演不断收集企业信息及员工信息,为接下来的邀约做铺垫,可以邀约员工参加银行的理财沙龙活动、权益回馈活动、产品说明会等,从而扩大银行在企业中的影响力。

二是金融知识讲座。网点可利用路演、调查问卷等渠道获得企业员工基本金融需求,联合相关部门举办定期上门服务、金融知识讲座、定向产品推荐等营销活动,明确客户的个性化金融需求,并针对性地提供投资套餐、融资消费套餐、结算便利套餐、子女出国交易套餐、保险规划套餐及增值服务等。

3. 获客策略

（1）为规模较大企业安装 ATM 机供员工办理简单存取款业务;

（2）为企业员工提供定期更新的理财资讯线上线下服务;

（3）为企业高管办理银行贵宾卡,提供网点贵宾级服务;

（4）为企业优秀员工发放"贵宾区体验卡",提供便利服务;

（5）邀请企业中高级管理层和优秀员工参加银行组织的亲子教育、客户聚会、客户旅游、企业管理培训等客户关怀活动。

五、 外拓营销要求

一是制订计划。网点要根据网点金融生态圈了解周边的目标客户群体分布情况，根据外拓对象竞争情况、金融资产情况、营销难易程度、物理距离远近等因素综合制订外拓计划和营销方案。

二是规范行动。外拓人员要服从统一安排，在外拓过程中必须规范着装，佩戴工号牌、绶带，悬挂横幅，携带名片、记录表、笔、印有银行 LOGO 的手提袋等物品，严谨擅自离岗、自由散漫等行为。

三是认真总结。各网点要认真总结外拓营销过程中的各种问题和建议，根据每次外拓情况，统计营销数据、总结营销经验、提出改进建议、确定后续工作重点。

四是落实跟踪。外拓小组要认真落实外拓跟进营销，对前期走访的有业务办理或业务合作意向的客户进行跟进，采取有效措施促成共赢。

随着金融市场的日益开放和竞争的不断加剧，银行业务的外拓营销已经成为银行实现业绩增长和客户拓展的重要手段。笔者深入探讨了银行如何高效组织推进重点客群的外拓营销，从外拓营销的意义、对象、频次，到具体的三步骤实施策略，再到社区、商户、政企单位的外拓营销实践，以及外拓营销的具体要求，以期为大家的外拓营销提供全面而系统的参考。

通过分析我们可以看到，银行的外拓营销不仅仅是简单的"走出去"，更是一种系统性的营销行为。它需要银行在前期做好充分的准备，包括转变观念、目标制定、信息收集；中期信任建立、需求挖掘、产品切入、邀约促成；后期做好客户信息整理、总结优化等。同时，银行还需要根据不同的外拓对象，采取不同的营销形式和策略，以提高外拓营销的效率和效果。

随着金融科技的快速发展和客户行为的不断变化，银行的外拓营销也需要不断创新和升级。银行需要更加注重客户体验，利用大数据、人工智能等技术手段，实现精准营销和个性化服务。同时，银行还需要加强与外部机构的合作，整合各方资源，构建开放、共享的金融生态圈，以更好地满足客户的需求，提升自身的竞争力。

总之，外拓营销作为银行主动出击、创新发展的重要途径，其重要性不言而喻。银行需要从战略和战术两个层面，系统推进外拓营销的实施，不断提升外拓营销的质量和效果，以实现业绩的持续增长和客户的长期忠诚。

二

客户管理

管户经营——如何简单有效地进行存量客户维护？

"盘活存量必有增量"，相信很多的银行网点都越来越重视存量客户管理这项工作。当前，各家银行也在大力推动数智化平台的建设，以支持客户精细化管理和精准化营销。同时，"管户"也成为一直困扰很多网点及客户经理的问题。具体存在的问题如图 2-1 所示。

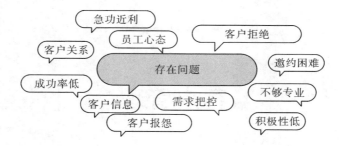

图 2-1　当前困扰银行管户营销的各类问题

在新趋势下，我们希望通过客户关系管理"五到位"的分析，让大家对管户工作的认识更深入，让管户工作的开展更简单和高效（见图 2-2）。

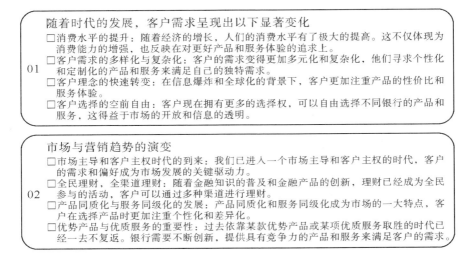

随着时代的发展，客户需求呈现出以下显著变化

01
□消费水平的提升：随着经济的增长，人们的消费水平有了极大的提高。这不仅体现为消费能力的增强，也反映在对更好产品和服务体验的追求上。
□客户需求的多样化与复杂化：客户的需求变得更加多元化和复杂化，他们寻求个性化和定制化的产品和服务来满足自己的独特需求。
□客户理念的快速转变：在信息爆炸和全球化的背景下，客户更加注重产品的性价比和服务体验。
□客户选择的空前自由：客户现在拥有更多的选择权，可以自由选择不同银行的产品和服务，这得益于市场的开放和信息的透明。

市场与营销趋势的演变

02
□市场主导和客户主权时代的到来：我们已进入一个市场主导和客户主权的时代，客户的需求和偏好成为市场发展的关键驱动力。
□全民理财，全渠道理财：随着金融知识的普及和金融产品的创新，理财已经成为全民参与的活动，客户可以通过多种渠道进行理财。
□产品同质化与服务同级化的发展：产品同质化和服务同级化成为市场的一大特点，客户在选择产品时更加注重个性化和差异化。
□优势产品与优质服务的重要性：过去依靠某款优势产品或某项优质服务取胜的时代已经一去不复返。银行需要不断创新，提供具有竞争力的产品和服务来满足客户的需求。

图 2-2　新趋势背景下客户需求的变化

一、"朋友式" 的客户营销维护

首先，管户管的是什么，其实质是在经营"关系"。我们倡导的是"朋友式"的客户营销维护，就是要让管户人员与客户交朋友。通过持久深入的交往交流，管户人员和客户都不断得到成长和满足。

（一）目标

通过开展该项工作，网点的客户经理和优质客户可以实现以下目标。

第一，客户有任何金融需求都可以随时联系客户经理；客户有金融需求，或者来到网点办理业务更愿意优先联系客户经理；客户知道客户经理会如何为其提供常态化的、专业的专属服务。

第二，客户经理更了解客户，客户经理建立了客户信息档案，对客户的各项基本信息有全面的、动态的了解。

第三，客户经理为客户创造更多价值，客户为客户经理创造业绩。

当网点推出当季热销产品时，客户经理能及时向有潜在需求的客户进行精准营销。

（二）意义

1. 帮助员工建立人脉关系

管户人员可以利用岗位优势和银行的平台优势，结交更多的朋友。这些朋友不是普通的朋友，而是社会上的成功人士。他们可能是企业主，也可能是某一行业的优秀从业人员。结识这些朋友，可以帮我们更好地成长和发展。如图2-3所示，客户资源的积累是通过客户关系的不断递进而达成的。

服务关系　产品关系　忠诚关系

图2-3　客户关系递进图

2. 帮助员工提高自身价值

客户经理岗是一个十分锻炼人的岗位，一方面，需要员工全面提升自身的知识水平、能力、技巧等，从而让员工在网点的作用日益突显；另一方面，网点由结算型向营销型转变是大势所趋，未来网点会有更多的柜员、大堂服务人员转变为客户经理。员工先行一步转变观念，就会更早地为将来储备更多的资源和能力，拥有更符合时代发展的价值。

3. 帮助网点持续提升业绩指标

网点的客户都成为网点员工的朋友，无疑可以帮助网点稳定存款，使网点更轻松、更有针对性地进行重点产品营销，从而持续提升各项业绩指标。

二、　管户可以很简单

（一）客户经理客户关系管理"五到位"

1. 关系确立到位

一是首次短信确立关系。客户经理接收到指派客户后，要向所有客户及时发送关系确立的短信，让客户及时知道他的管户客户经理是谁。短信格式为："尊敬的客户您好，我是您在××银行的专属客户经理××。感谢您对我行的支持与厚爱。以后您到行办理业务或者其他服务时，可以提前联系我，我将竭诚为您服务。我的联系方式是×××××××××××，办公电话是××××××××。"

二是及时保存客户联系方式。客户经理要在接收指派客户一周内，将客户的联系方式存入手机通讯录，名称格式为"客户×××（男/女）"。当有客户进行电话咨询时，可以及时看到客户的姓名，以拉近与客户的关系。

三是与客户第一次电话沟通时争取添加微信，便于进一步拉近距离，同时明确向客户说明将会如何提供专属服务。比如：及时响应——"您有存贷、理财方面的问题，可以随时联系我，我会及时响应"；及时告知——"您在我行办理的业务，如贵宾客户专享产品、福利和权益，我会及时告知您"；定期分享——"相关的金融知识、财经资讯和最新业务政策，我会定期分享给您"。同时，在微信端与客户进一步开展知识营销、情感营销、产品营销等常态化维护工作。

2. 档案建立到位

（1）客户基本信息档案

我们的管户系统中，往往存在至少三张表：

一是客户基本信息表，包括客户的联系方式、身份信息（姓名、性别、年龄、学历、工作单位等）；

二是客户金融产品持有表，包括已配置和未配置的产品；

三是资产负债表，包括存款、贷款、投资理财等金融资产的构成分布。

这三张表涉及的大部分内容都是动态的，比如产品持有和金融资产，在系统中也会有变化。

（2）随时补充完善客户信息

客户经理要积极利用客户到厅堂办理业务、与客户电话/微信沟通、贵宾客户沙龙等有利时机，随时补充和完善客户信息资料。比如客户的行业职业、兴趣爱好、家庭情况、收入状况、他行金融资产情况、投资偏好、风险承受能力等。

客户经理需要有意识地去全面、充分了解目标客户，动态关注客户的变化，这样才能有的放矢去服务客户、维护客户、营销客户。

"简单"不是走捷径，而是把握关键环节，以及明确开展工作的路径。

3. 客户分析到位

客户分析，就是根据客户的相关重点信息、特征和数据来分析客户的特征，评估客户的价值，了解客户的需求，从而为后期的适配性产品推荐打好基础。客户分析始终贯穿于整个客户动态维护过程。客户分析可以从以下几个方面进行。

一是根据客户的资金结构和资金流动情况，分析客户的理财需求。

当前很多客户的理财意识越来越强，但同时我们也会发现大部分客户对投资理财产品的认识并不深入。因此，为客户提供专业金融顾问服务，势在必行。客户经理需要基于客户的职业特征、收入状况、资金结构、资金流动等情况，充分分析客户的多元化需求，并结合市场动态的投研分析，给予客户科学的资产配置建议。

二是根据客户已有产品的情况，分析客户的产品需求。

客户经理不仅要了解客户在本行的产品配置情况，也需要了解客户在其他银行及非银行渠道的各类产品持有情况。这样才能全面分析客户的产品需求，并给予针对性的建议，或引导客户产生需求。

三是根据客户的投资习惯，分析客户的风险偏好。

客户过往的投资经验、当前的投资习惯、对投资理财的认识和期望，以及客户的生命周期阶段，都会反映客户的风险偏好及承受力。客户经理首先需要对客户偏好给予认可，在此基础上，根据客户的其他特征进行分析并给出针对性建议。再根据客户的风险偏好，考虑是重复营销，还是交叉营销、向上营销，或财富诊断顾问式营销等。

4. 跟进联络到位

客户经理要在对客户资料细致分析的基础上，制订个性化的沟通方案和产品推荐方案，按照"建立联系→产生信任→购买产品→后续跟踪"的流程对客户进行跟进联络，拉近与客户的距离。而要使客户信任，则至少需要经过如图 2-4 所示的四个时期。

图 2-4　客户关系发展的四个时期

要将跟进联络工作做到位，客户经理需要做好以下工作。

一是每日做好五项规定动作。

①每天晨会开展新产品或热销产品培训（可重复训练）；

②每天登录 CRM 系统查看工作提醒，制订当日维护及邀约计划；

③每天至少与 20 名贵宾客户进行电话或微信的有效沟通，每月与大部分客户至少有效沟通一次；

④每天至少成功邀约一名客户前来网点办理业务或沟通交流；

⑤每天对所有来网点的客户现场进行顾问式营销。

二是每周做好两项规定动作。

①每周向所有客户至少推送一条短信或微信（见表 2-1）；

表 2-1 客户日常维护各类交互信息参考

信息类型	具体信息参考
生活关怀信息	生日、纪念日、节日提醒等
资产变动信息	客户大额资产变动、存款、理财产品到期提示
产品信息	新产品、热销产品、止盈止损通知信息等
活动信息	优惠活动、客户活动等
咨询信息	重大财经新闻、客户关心领域资讯等
其他信息	其他，如客户专享权益等

②每周至少完成 5 位客户的拜访，每年对所有客户至少拜访一次。

三是每月做好一项规定动作。

每月至少负责组织策划一次网点的贵宾客户沙龙活动。

5. 价值分享到位

一是要每日登录 CRM 系统查看工作提示，如生日提醒，并根据提示及时为客户发送关怀短信。

管户人员要每日在网点非高峰时段登录 CRM 系统查看工作提示，并针对大额资金闲置或流动、产品到期、等级待提升等提示，及时向客户发送短信、微信或进行电话邀约，激发客户对部分产品或提质升级的需求。

在了解客户信息的基础上，为客户提供合理的理财建议和资产配置规划组合。例如，客户有长期闲置的活期资金，可以为客户推荐活期账户升级、短期理财、定期或中长期产品；有中长期不动的资金，可以为客户推荐中短期理财产品、定存、基金定投、保险等产品；有短期不用的资金，可以为客户推荐货币基金、活期理财等产品。

二是要及时响应客户在电话、微信、手机银行等端口的咨询。如果当下能够帮助客户解决问题，则及时为其提供解决方案；如果不能及时解决，则将客户转推荐给更专业的网点行长或财富顾问。

三是批量发送短信或微信。管户人员要根据网点负责人的安排，在重大节日、重点产品营销活动时，批量向客户发送短信或微信。同时，要特别注意情感营销、产品营销和知识营销的有机结合。

客户的关系递进是一个持续的过程，而这个过程的推动需要我们有意识地形成管户习惯。建议以每日、每周、每月的管户规定动作来量化管理，以此方式计划性地推动管户工作持续、精准、高效，让存量客户的管理维护工作真正成为网点营销效能提升的重要推动力。

三角模型——如何通过数智化赋能让网点营销更简单?

相信困扰很多银行伙伴的问题是:面对各条线的大量指标,如何高效、持续地提升营销效能?

"效能",即"效率"和"产能"。管理效率、营销效率、服务效率提升,可以释放业绩产能达成目标。下面,我们围绕上述底层逻辑,基于结果导向、目标导向,从"重点业务目标""业务适配客群""数智化营销赋能"三个维度出发,构建提升营销效能之"三角模型"(见图2-5)。

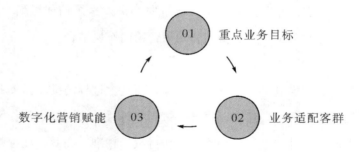

图2-5 提升营销效能之"三角模型"

一、 经营解码, 如何高效达成业绩目标?

三角模型是目标、结果导向的。支行及网点拿到上级行下达的各项指标后,都需要进行指标解读和战略解码。

在零售条线,重点指标往往聚焦在存款、个贷、理财、基金、保险、贵金属等方面,每个网点都会思考每项业务目标达成的渠道和客群资源在哪里,以及营销路径是什么。当然,每个网点的内外部客户结构、客群特征、客户资源禀赋都是不一样的，因此需要形成差异化的"一行一策"解决方案。

从营销渠道来看，在银行网点立体化营销格局中，主要渠道由三个方面构成：系统存量客户挖潜营销、厅堂流量客户阵地营销、片区开发增量外拓营销，我们也称之为"三量掘金"（见图 2-6）。

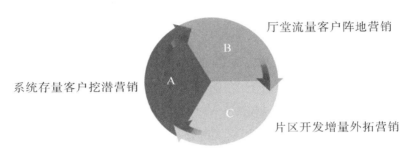

厅堂流量客户阵地营销

系统存量客户挖潜营销

片区开发增量外拓营销

图 2-6　三量掘金

基于厅堂流量客户特别是优质客户越来越少、有限的人力很难高频进行外拓营销的现状，当前各大银行逐渐形成"盘活存量必有增量"的思维，不断加大对存量客户维护营销的力度。

由此可见，针对存量客户的数智化客户管理及营销，已然成为当前各大商业银行网点的"主战场"。

二、　如何通过数智化赋能打好营销战役？

何为"数智化赋能"？笔者的理解是：以数智化平台为基础，进行客户精细化管理、精准化营销；以高效经营管理为核心，提升网点及管户人员对数智化营销工具的运用能力。围绕重点指标，筛选适配性高的重点客群（如表 2-2 所示的××银行重点客群管户营销梳理指引表），深度分析客户画像，盘活存量客户，进行精准营销，提升营销效率及成功率。

表 2-2 ××银行重点客群管户营销梳理指引表

序号	重点客群类型	客户梳理标准	客户梳理路径
1	定期、理财、保险、国债、贷款到期客户	本月到期量	CRM 系统—精准营销活动—定期到期 CRM 系统—营销支持—商机管理—理财到期
2	大额活期变动客户	每月末存款较上月上升或下降至少 10 万元（或 50 万元）	CRM 系统—营销支持—商机管理—金融资产变动
3	大额活期闲置存款客户	最新的大额存款闲置客户名单	CRM 系统—工作平台—大额活期闲置存款客户提醒
4	理财产品持有客户	固定期限理财或活期理财	CRM 系统—营销支持—商机管理—理财持有
5	基金持有客户	基金余额高于 1 万元（或 10 万元）	CRM 系统—基金健诊
6	三方存管持有客户	三方存管余额高于 1 万元（或 10 万元）	CRM 系统—营销支持—大客户排名—三方存管余额
7	个人贷款客户	存贷个贷客户/提前还款客户/审批中客户/经营贷客户	CRM 系统—营销支持—产品持有—贷款
8	代发工资客户	代发工资标签中的贵宾客户	CRM 系统—营销支持—产品持有—代发工资（贵宾客户）
9	贵宾临界待提升客户、新晋级贵宾客户	（钻石卡、白金卡、金卡）待提升客户、新晋级贵宾客户	CRM 系统—营销支持—商机管理—待提升客户营销宝—选办工作—客户维护—新晋级贵宾客户
10	不同层级贵宾客户	钻石卡/白金卡/金卡户数	CRM 系统—工作平台—客户概览

下面还是以"存款营销"为例。存款营销无非就是"开源节流"。首先，我们需要基于数智化客户管理平台回答以下几个问题，这样才能有的放矢地开展存款营销工作。

一是网点目前的金融资产是如何构成的？比如10亿元的金融资产，存款（定期、活期及通知存款）、投资理财（理财产品、国债、基金、保险、三方存管余额等）、贷款（住房贷款、经营性贷款、消费型贷款等）的占比分别是多少？

二是在网点的存款构成中，当前的定期规模有多大？本季度即将到期客户量、资金量如何？对此进行分析的目的就在于针对存量定期客户进行"到期资金留存增存营销"和"未到期客户的行外引存营销"。

三是在网点的存款构成中，当前的活期规模有多大？活期客群又分为"大额活期闲置资金"和"高频流动性活期资金"两个客群。对活期客群进行"情感营销稳存增存""活期账户升级营销""定期存款营销"是重中之重。

四是投资理财客户的开放式理财和固定期限理财分别占比多少？本季度即将到期客户量和资金量有多少？简单分析这两个方面，我们就可以聚焦"理财到期客户"的存款转化营销，以及"开放式理财客户"在时点存款冲刺时候的转化。同样，国债、基金、保险、三方存管余额客户的存款产品，以及资金的交叉营销、资产配置营销也是需要解构的。

下面我们通过两个营销案例来进一步说明。

营销案例一：理财客群资产配置营销

理财经理通过客户筛选，发现一名平时维护得较好的客户的理财产品快到期，便电话邀约客户来网点面谈，探讨在不影响客户使用资金的情况下如何使客户收益最大化。客户是位中年女士，来时还带了一位朋友。该客户是网点附近一家服装店的老板，平时常来网点办理业务，每一次来，理财经理都非常热情地接待她。这次客户有 130 多万元的理财产品到期。在经过需求分析后，理财经理了解到客户比较看重安全性和收益性，对资金流动性和周期性没有太多的要求。客户也表示部分资金短期内并无使用计划。理财经理知道客户有个 10 岁的孩子，便建议客户拿出一部分资金给孩子做教育金储备，同时通过介绍目前存款利率不断下行的趋势，以及保险产品的安全性、锁定长期收益、专款专用等功能特征，建议客户可以通过资产配置提高整体综合收益。在与客户深入沟通后，客户成功办理 5 万元 3 年期缴保险，余下资金做了 130 万元的定期。

本案例中的理财经理有如下建议。

一是要重视管户工作，存量客户是埋在沙子里的金子。

二是要做好客户画像补充和分析，做好客户 KYC，根据客户金融需求进行精准营销、交叉营销和资产配置。

三是要用心服务好客户，用心经营好客户。服务是基础，营销是根本。

四是除了细致的服务，较高的金融专业水平和持续的维护跟进才是制胜法宝。

营销案例二：汽车分期客户联动营销

理财经理在与客户面谈时，进行联动营销。

客户进行汽车分期业务的续作，理财经理在客户填写资料的时候，对客户的金融信息和非金融信息有了更全面的掌握。并且客户配合度较高。理财经理了解到客户为自主创业，对资产的流动性和安全性要求较高，希望在满足这两种要求的情况下，适当追求较高的收益。

结合客户的情况，理财经理从账户升级角度切入，建议客户将闲置的流动性资金签约通知存款或活期理财服务，成功引导客户实现行外资金入账 150 万元。

本案例中的理财经理有如下建议。

一是联动营销，尤其是存贷联动的营销，比较容易提升客户产品渗透率，提高客户忠诚度。所以，在日常业务中，需要加大对单一产品持有客户的挖掘力度。

二是在竞争激烈的今天，多做顾问式营销，做好客户 KYC。要充分了解客户的现状，找出客户甚至此类客群比较关注的金融需求和非金融需求，之后给出专业且合适的解决方案，从而促成营销。

三是通过数智化客户管理平台筛选各类型信贷客户后，我们需要有针对性地进行信贷客户的综合营销。比如引导客户关系从"信贷业务关系"转化升级为"贵宾客户综合服务关系"，建议客户用稳健的投资理财产品产生的收益，对冲贷款资金的付息成本，并引导客户关注综合贡献度提升后的关联权益等。

三、　如何高效有序进行数智化管户营销？

在日常营销组织管理工作中，针对存量客户的营销组织工作主要分为以下四个步骤。

一是定方向，定目标。以终为始，基于上级行下达的考核指标，进行经营解码，明确指标和目标值的分解，要分解到岗位，分解到每月、每周及每日。

二是给方法，给路径。从各岗位层面上，基于分解的指标，如存款、贷款、中收产品等，解析各项业务营销渠道和路径。如针对个贷指标，在存量客户营销上，可以针对贷款持有客户进行二次营销；针对贵宾客户、代发工资客户、商贸客户、行政事业单位客户等进行批量营销；针对白名单客户进行精准营销等。

三是理客户，理计划。在明确重点指标营销方法和路径的基础上，通过 CRM 系统做好针对性的每月、每周、每日的客群资源盘点。比如根据每周定期、理财到期客户名单及资金量，制订留存增存、保险配置营销、基金配置营销等营销计划和目标。

四是管过程，管进度。在计划推进过程中，需要进行常态化的过程及进度检视，并做好复盘分析，及时总结成果、分享经验，对不足之处优化改进。

在银行网点管户营销推进实施过程中，我们会发现管户工作推动顺利与否往往基于三要素：是否愿意管户，是否会管户，是否可以常态化持续管户。

上述三要素关联的是管户营销考核激励机制、数智化管理平台的运用程度、客户线上线下沟通能力、管户规范和习惯的养成等方面。在此，笔者针对网点管户营销工作，分享一个"三分管户"模型（见图 2-7），以期有效推动管户履职流程管理的标准化，固化管户规范，提升管户效率，从而形成各岗位每月、每周、每日营销规定动作量化标准及目标。

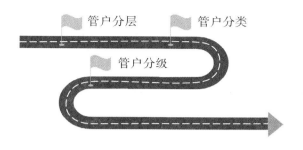

图 2-7　"三分管户"模型

（一）管户分层：区分不同层级客群，抓重点客户

抓重点客户，除了按照如图 2-8 所示的客户金融资产分层区分的差异化管户方式以外，还需要基于数智化管理平台，按照重点客户持有金融资产的属性再进行分类型的分层，比如活期、定期、理财、基金、贷款等。通过抓重点客户，实现业绩指标的快速突破，提升大单的成交率。

客户资产（单位：万元）

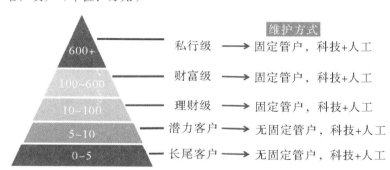

图 2-8　按客户金融资产分层的差异化管户方式

（二）管户分类：区分不同类型客群，聚焦精准营销

在数智化客户管理系统中，按照客户标签进行分类筛选、盘点、分析，比如金融资产特征、行业属性特征、自然属性特征、产品属性特征等。通过区分不同类型的客群的金融特征、非金融特征，明确维护策略、切入产品及维护方式，聚焦精准营销的产品主题、活动主题的组织实施。图2-9为"单一理财产品持有"类客群维护策略解析。

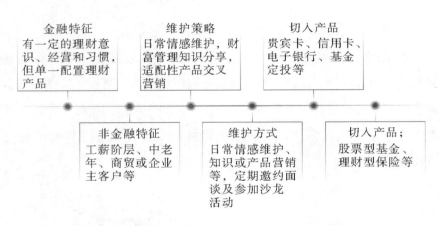

图2-9 "单一理财产品持有"类客群维护策略解析

（三）管户分级：区分不同优先级客群，形成高效管户规范及计划

在管户营销中，网点往往会谈到人力及精力有限，难以进行全面、有效、持续的客户管理。而悖论也在于此，在这样的困境下，网点更需要提高管户效率。如何形成高效有序的管户规范和计划呢？建议网点在管户营销中，在分层和分类的基础上，做好每日、每周、每月重点客群的筛选盘点，区分不同优先级客群（见图2-10），以此作为管户营销业绩的有效抓手，同时也能培养管户人员形成良好的管户习惯。

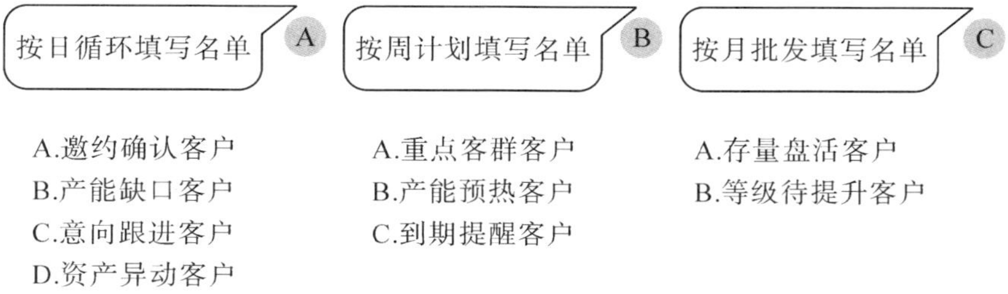

图 2-10　"管户分级客群"示意图

　　营销没有捷径可走，但有规律可循。开门红营销千头万绪，在这张大网中，我们需要的就是在网中拉起一个角，将整张网顺势提起，形成营销推动的主线。而在笔者来，在存量挖潜和线上营销成为"主战场"的今天，数智化赋能必然是大势所趋！

全员管户——"全量客户经营"如何有效落地？

当前网点转型升级趋势表现为数字化、综合化、智能化、轻型化等。很多银行都强调网点转型后综合营销能力的提升和个人贵宾客户精细化管理能力的提升。

管户营销是一项系统性的工程，其基础是"如何科学做好分户工作"。

基于此，笔者对某国有大行某分行"全员管户"的方式进行具体的剖析，以期为大家带来一定的启发。

一、"全员管户" 方案介绍

笔者近年参与了很多银行管户营销培训辅导工作，关注到当前很多银行网点基于"网点营销人员有限，存量贵宾客户量基数庞大"的现状，为达到"户户有人管"的目标，选择了"全员管户"作为解决方案，以期构建贵宾客户的分层分类管理、筛选分析识别、专属管户服务关系和精准化营销等方面的良性工作机制。

下述就某分行实行的"全员管户"方案做介绍。

（一）网点参与"全员管户"的岗位人员

涉及网点所有岗位人员，包括网点负责人、内勤行长、客户经理、大堂经理、柜面经理等。

（二）分层管户指引

个人贵宾客户由网点人员在 CRM 系统中实施分层直管（根据每个网点贵宾客户结构及数量"一点一策"实施）。

年日均金融资产在 300 万元（含）以上或本网点 AUM 排名前 100 的客户，由网点负责人直管。

年日均金融资产为 100 万元（含）至 300 万元的客户或本网点 AUM 排名前 1 000 的客户，根据实际情况，由客户经理直管。原则上，客户经理人均管户 300 户左右。

年日均金融资产为 50 万元（含）至 100 万元的客户或本网点 AUM 排名前 2 000 的客户，由管户经验丰富、综合能力较强的大堂经理直管。原则上，大堂经理人均管户 200 户左右。

年日均金融资产为 10 万元（含）至 50 万元的客户，由柜面经理直管。原则上，柜面经理人均管户 100 户左右。

年日均金融资产在 10 万元以下有挖掘潜力的目标客户，由网点负责人根据营销、维护需要，指定直管人员。

（三）网点各岗位人员管户营销流程及规范

网点人员要按照管户营销职责，细化营销流程及规范，做好相关管户营销服务工作。

1. 网点负责人

对高价值个人客户进行直接维护。网点负责人要直接承担网点金融资产排名前 100 的客户的管户责任，做实高端客户差异化综合金融服务方案，提升客户资产贡献度。

2. 内勤行长

履行协助网点负责人进行人员管理和现场管理的职责，根据网点客流量和岗位人员结构进行高效弹性排班，让各岗位管户人员有更充分的时间针对性开展客户管理维护及营销工作。

3. 个人客户经理（含营销副行长）

个人客户经理是网点维护贵宾客户和营销零售产品的核心岗位，全面负责网点贵宾客户的维护拓展，对全部产品销售承担主要营销职责。

一要做好精准营销工作。对总、省行下发的目标客户逐户开展营销工作，对精准营销项目依次开展营销工作。跟踪营销进展，提高营销成功率。对清单中财富级以上客户进行重点营销，必要时可邀约其到网点进行面对面交流。

二要完成 CRM 系统提示的待办事项。针对客户生日、产品到期、闲置资金、大额资金变动等事项，及时通过客户关系管理系统、移动 App 等向客户发送短信进行问候或提醒。重点关注大额资金变动和产品到期事项，及时联系客户并提供对接产品，固化及挽留客户资金。

三要维护直管客户。对自身管户的金融资产排名前 20% 的客户，均匀分配，按周循环，每日检视客户资产信息，根据客户资金变动情况，及时与客户沟通，必要时要拜访或邀约客户面谈，为其提供详细的资产配置方案。对其他管户进行如短信、微信维护。

四要主动挖掘商机进行营销。利用系统挖掘客户商机，如闲置资金、大额消费、三方存管余额大户，向特定目标客户进行理财产品、分期付款、白金信用卡等产品营销，提高客户忠诚度。

4. 大堂经理

负责熟悉客户及上级行指派的基础贵宾客户或潜力客户的营销维护工作。对存量客户，根据其业务办理的种类，选择相适应的产品切入营销，重点关注大额转出客户的资金挽留和产品到期客户的产品对接。

5. 柜面经理

负责熟悉客户及上级行指派的基础贵宾客户或潜力客户的营销维护工作。

（四）网点个人贵宾客户考核内容

1. 考核指标

以"挖潜力、控流失、促提质、强交叉"作为衡量管户工作的重要标尺，重点开展目标客户挖潜、易流失客户挽留、营销升级提质和交叉销售提升等营销工作。考核内容包括但不限于：贵宾客户保留率、贵宾客户升级率、管户贵宾客户产品覆盖度、客户 AUM 余额增长率、CRM 任务处理率等指标。

2. 考核权重

各支行要将网点管户人员考核结果纳入个人 KPI 指标体系。网点负责人权重不得低于 60%，客户经理权重不得低于 70%，大堂经理权重不得低于 40%，柜面经理权重不得低于 30%。

二、"全员管户" 方案优缺点分析

（一）优点

一是明确了分层分岗分户。

二是明确了各岗位管户客户量的上限指导原则。

三是明确了各岗位管户营销职责侧重点。

四是明确了各岗位综合绩效考核指标体系中管户营销指标和权重的要求。

（二）缺点

笔者认为该"全员管户"方案是相对完善的。但在参与了很多银行咨询培训项目后，笔者发现，在实际执行中，很多网点关注更多的是"人人有管户，户户有人管"，而对各岗位管户客户量、结构分布和管户效果的重视程度相对不足。

一是网点核心营销人员不足，但中高端客户量基数较大，人均管户量大，管不过来。这一点从表2-3所示的某网点全员管户分户结构梳理表中可以看出。

二是网点部分员工年龄偏大，管户意愿不强，不能熟练运用管户系统、管户营销沟通能力弱、管户执行力差，在与目标客户沟通中客户体验不佳，客户关系停留在产品营销沟通层面，持续递进沟通及信任关系未有效建立，管户效果不明显。

表2-3　某网点全员管户分户结构梳理表

序号	姓名	岗位	管户结构及数量			
			钻石卡持有者/人	白金卡持有者/人	金卡持有者/人	潜力客户/人
1	张××	网点负责人	2	17	934	9 187
2	王××	营销行长	4	79	69	4
3	李××	客户经理	0	0	8	190
4	赵××	客户经理（兼对公）	0	6	276	36
5	刘××	客户经理	0	19	351	9
6	陈××	内勤行长	0	0	48	48
7	郑××	大堂经理	0	1	69	127
8	马××	大堂经理（兼操作）	0	0	92	100
9	邱××	柜面经理	0	0	51	147

三、"全员管户" 方案落地执行建议

分行分户指导意见特别注明：根据每个网点贵宾客户结构及数量"一点一策"实施。笔者根据多年管户营销咨询培训经验，针对"全员管户"方案落地执行效果，给出以下两个方面的建议。

（一）针对"人均管户量大"大的问题

建议"抓大放小"，集中有限人力，聚焦网点核心目标客群。

一是聚焦核心客户。系统将年日均 AUM 不低于 20 万元的贵宾客户中的前 150 名指派给管户人员。对于管户能力不强、管户意愿不足的员工，可先为其分配基础客户，培养其基础管户工作能力。

二是管户自选熟客。在 150 名系统指定核心客户外，管户人员可在其余年日均 AUM 不低于 10 万元的管户客户中再自选最多 50 名熟悉客户进入核心客户群。

三是锁定目标客群。客户进入核心客户群后，在管户人员与网点的 CRM 中登记的机构归属关系不变的情况下，核心客户关系直至当年末不再变动。

四是批量维护管理。对于未进入核心目标客户群的未分配客户，可集中将其分配到一个账号中，通过数智化管理系统，重点且常态化地关注相关客群，对不同类型的客户进行批量维护管理。

（二）针对"部分管户人员管户能力不足、意愿不强"问题

建议"化繁为简、从易到难、培养信心"，前期重点强化内部四个方面的培训：

一是数智化客户管理系统中的关键基础功能；

二是几类基础目标客户管户沟通方式方法；

三是客户初始阶段维护及营销沟通要点训练；

四是强化基础的每日、每周、每月管户营销规定动作量化标准和目标的达成。

这样易于管户人员接受，同时也能达到与所管理维护的客户初步沟通的目标。

采用"全员管户"模式是在全员营销、综合营销、数智化营销的趋势背景下做出的选择，同时也是基于部分银行大多数网点营销人员不足、客户基数庞大所做出的非最佳选择。

笔者认为，没有最佳的方案，只有适合各银行、各网点发展现状的方案。而再科学的方案，也需要在落地执行上考虑各方面的具体情况，而非只是做到"人人有管户，户户有人管"的"全员"形式即可，需要更重视实质性效果。

客群盘点——如何精准筛选分析顾问式营销目标客户？

当前商业银行的营销工作已经进入大财富管理时代和数智化时代。近年来，各大商业银行不断转型升级，寄望可以更好地引领市场趋势，或紧跟行业步伐和市场需求的变化。

何为资产配置顾问式营销？可以将其理解为是把客户的财富需求和金融产品进行合适的动态匹配。如果目标客户筛选不够精准，营销效率和成功率将大打折扣；如果客户的画像分析不够全面和精细，对客户的财富需求就会定位不清，进而金融产品推介就会匹配，为售前、售后服务带来一系列的影响。

如中信银行近年提出了"盘客户，强配置"的网点财富管理咨询培训项目的理念，很好地体现了财富管理服务的定位。

客户"千人千面"，其财富需求千差万别，而且还在不断地变化。而在数智化时代，我们可以基于大数据分析、人工智能等金融科技的支持，更好地进行有针对性的客群资源盘点，精准分析客户画像。

万丈高楼平地起，唯有从源头、基础抓起，才能构建一座宏伟的财富管理大厦。而"精准筛选分析顾问式营销目标客户"，就是这一财富管理服务的起点和基石。

一、 将哪些客群作为资产配置服务的目标群体？

我们一般会"分层分类"来对客群特征进行划分。近年来，各大银行都在围绕数智化赋能进行客户精细化管理和精准化营销的转型升级。新的发展趋势更加关注营销人员的数据分析和解读能力，需要营销人员能够熟练地基于数据筛选找客户、基于数据分析看客户、基于数据标签管客户、基于数据功能赢客户。

（一）客户资产配置顾问式营销之"管户分层"

从分层的角度，我们一般会按照金融资产量、贡献度等将客户划分为长尾潜力级客户、理财级客户、财富级客户、私人银行级客户、私人银行达标客户。在网点管户经营策略中谈到的"三分管户"理念，其中第一个就是管户分层（区分不同层级客群，抓重点客户）。

不同层级客户，如普通客户和高净值客户之间，确实存在不同的财富特征和需求。我们以高净值客户为例来进行分析。随着新一轮科技革命和产业变革的加速推进，以新产业、新业态、新商业模式为核心内容的"三新"经济成为我国经济发展的新动能。我国经济增长动能从过去的"基建+出口+房地产"向"科技+消费"积极转变。如图2-11所示，在传统产业财富调整、新兴产业财富发展的转换期，实业企业家在高净值人群中的占比有所下降，但依然最高，为53.00%。依靠高知识、高技能获取收入的企业高管、专业人士等高工薪人群在高净值人士中的占比持续提升，在2023年达到27.08%。金融投资者与财富继承人分别占比12.00%和7.92%，较上年变化不大。在金融需求上，高净值客户期望获得专业且综合的财富顾问式服务；而在非金融需求上，客户期望获得尊重、平等且有品质的服务。

分层筛选客户常用到管户系统中的大客户排名筛选功能，但不能只是简单基于金融资产做整体排名，需要更进一步基于不同的金融资产类型维度做分层及分类的交叉筛选。如某银行使用CRM系统中细分金融资产的大客户排名功能迅速定位高价值客户，从而更有针对性地基于不同的客户特征进行资产配置顾问式营销。

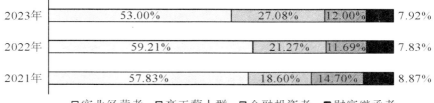

图 2-11 2021—2023 年私人银行客户来源分布

数据来源：中国银行业协会与清华大学五道口金融学院联合发布的 2021—2023 年的《中国私人银行发展报告暨中国私人银行公益慈善白皮书》。

◇存款大户——存款余额、月日均存款、年日均存款；

◇闲置资金大户——活期存款余额；

◇忠实大户——年日均金融资产；

◇新贵大户——月日均金融资产、金融资产余额；

◇风险偏好较低大户——定期存款余额、国债余额；

◇风险偏好较高大户——基金余额、第三方存管保证金；

◇投资大户——基金余额、理财余额、第三方存管保证金；

◇季末存款冲刺目标大户——理财产品余额、第三方存管保证金。

我们需要知道，要增加存款及 AUM，重点客群的防流失是前提，要重点关注核心大客户的资金稳定性。

建议管户人员优先聚焦自己管户名下 AUM 余额排名前 20 或前 50 的客户，全面分析客户画像，建立专属服务关系和促进客情关系递进，做好线上线下沟通，以专业和增值的服务、适配性的产品锁定客户资金稳定性。

在分层管户基础上，我们再盘点核心客户中的不稳定性资金客户，如大额活期存款余额客户、大额活期理财余额客户，以及到期资金客户

（定期、理财、国债、保险到期），需要及时、提前及全覆盖地对接目标客户。

（二）客户资产配置顾问式营销之"管户分类"

客户的类型划分会有多元的维度，根据前文，一般我们会从自然属性、行业属性、金融属性、资产属性、兴趣属性等方面来对客户的不同类型进行界定。

1. 自然属性

自然属性就是客户的基础信息特征，比如客户姓名、性别、出生日期、家庭住址、工作单位等，这些信息我们从 CRM 系统中就可以直接了解，同时也需要在与客户的进一步沟通中不断补充完善。在资产配置顾问式营销中，客户的年龄是一项很重要的信息，基于此我们可以对客户家庭生命周期做大致判断。如表 2-4 所示，一般家庭的生命周期为筑巢期、满巢期、离巢期、空巢期四个阶段。

表 2-4　不同家庭生命周期的金融需求特点分析

生命周期	起终点	需求特点
筑巢期	起点——结婚 终点——子女出生	家庭支出增加，保险需求增加，股票基金定投，追求收入成长，避免透支信贷
满巢期	起点——子女出生 终点——子女独立	家计支出固定，教育负担增加，保险需求高峰，购屋偿还房贷，投资股债平衡
离巢期	起点——子女独立 终点——夫妻退休	收入达到巅峰，支出逐渐减少，保险需求降低，准备退休基金，控管投资风险
空巢期	起点——夫妻退休 终点——一方身故	理财收入为主，医疗休闲支出，终身寿险节税，领用退休年金，固定收益为主

在不同的阶段，客户的特征和潜在需求会有较为清晰的定位。在客户资产配置顾问式营销中，我们就可以对客户潜在需求进行较精准的"预设性判断"，从而探寻、引导、激发客户相关需求，并同客户开展

与资产配置规划相关的针对性交流。表2-5为家庭在不同生命周期的潜在金融需求程度分析。

表2-5 家庭在不同生命周期的潜在金融需求程度分析

周期	筑巢期	满巢期	离巢期	空巢期
年龄/岁	25~27	28~50	51~60	60以后
日常消费规划需求程度	高	高	中	低
居住抵押融贷规划需求程度	高	高	低	低
风险管理与保险规划需求程度	中	高	中	低
养老规划需求程度	低	中	高	低
投资规划需求程度	低	高	中	低
教育规划需求程度	低	高	低	低
税务规划需求程度	低	高	高	低
财产分配与传承规划需求程度	低	低	高	高

2. 行业属性

不同行业的客户所呈现的特征也不一样。我们以中小企业主客户为例。中小企业主客户主要有五大特点。

特点一：企业资产规模较小；

特点二：抗风险能力较差；

特点三："赌徒心理"较重；

特点四：非常关注收益；

特点五：家企不分。

基于上述分析，我们在针对中小企业主客户进行资产配置顾问式营销的时候，要特别注意两大财富风险：一是普通的财富风险，比如投资风险、子女婚姻财富风险、个人养老风险、未来家产传承风险等；二是特有的财富风险，比如与企业相关的经营风险、税务风险、债务风险，与家业相关的企业未来传承风险、债务牵连家产的风险等。

3. 金融属性

金融属性就是客户目前投资理财的情况，要根据客户在不同银行的投资情况，分析客户的理财观念和风险承受能力。

我们以活期存款类客户为例。这部分客户仅在银行有一定存款，且为活期存款，在行内所持有的产品的类型也仅限于网银、手机银行、短信等渠道类产品。由此可见，这部分客户对银行的黏度非常弱，属于极易流失的客户。所以维护好这部分客户迫在眉睫，需要提高这部分客户的交叉销售率。

这部分客户属于保守型或者谨慎型的客户。如果其对资金流动性有较高要求，就可以依次为其推荐通知存款、活期理财、资金归集（与活期理财产品一起推，因为客户认可活期理财产品后，资金归集是拉动存款的有力工具）等产品。如果客户对流动性要求不高，则可以依次推荐大额存单、定期存款、保险、国债、保本理财等产品。

下面笔者分享一个"大额异动资金客户精准营销"案例。

××银行理财经理在工作中深入挖掘系统，每天通过 CRM 系统关注查询网点客户大额资金的实时变动情况。细心的他发现，有位面生的客户近期陆续入账 200 万元。为进一步了解该名客户，他继续利用系统智能搜客功能，精准定位客户画像，查看客户视图，掌握客户投资偏好，分析客户资金链、存款余额等。

随后，理财经理主动电话联系客户并登门拜访，了解客户近期经营状况和资金链情况，知道客户半年内暂无大笔资金使用需求。于是，理财经理根据客户的资金使用情况，以资产配置为切入点，积极向其推荐私行代销产品。客户对服务和资产配置方案表示认同，并在私行产品开放日购买私行产品 100 万元。

二、　如何基于管户系统对客户画像进行分析？

在银行日常资产配置营销流程中，基于管户系统进行客群资源盘点是主要的目标客户筛选方式。而明确需要筛选哪些客户，并通过客群资源的定期盘点做好营销计划和目标设定，是网点财富管理转型升级后的主要营销方式之一。

客群梳理标准和客户画像分析主要是以具有金融资产属性、产品持有属性，或业务提醒类特征的客群作为主要筛选对象。当然，除了关注这类客群的共性特征之外，也需要关注单个客户多标签的个性化特征。

比如，通过下面这个"大额活期闲置存款客户精准营销"案例，就可以直观看出客户多维度 KYC 画像分析的重要性。

××银行网点营销人员充分利用 CRM 的大额活期存款闲置提醒功能，成功获取精准目标客户，通过 CRM 系统，深入分析客户画像，积极开展客户的邀约维护工作，成功为客户配置了一笔 50 万元的保险趸缴大单。

成功并非偶然，营销人员深入挖掘系统，精准邀约、服务客户，最终促成大单产出。营销人员前期通过系统"大额活期存款闲置提醒"功能筛选挖掘客户，了解客户的闲置资金情况，再使用 CRM 系统查看客户的资产负债概览，发现客户前期购买过保险，但在 2020 年退保后该笔资金一直留存在活期账户中，且客户线上投保年龄即将超龄。于是营销人员积极邀约客户，但客户一直表示忙碌，没时间到网点。营销人员并没有放弃，而是锲而不舍地通过微信、电话联系客户，敲定碰面时间。最终，客户如约来网点将活期存折销户换为借记卡，并当场出单保险 50 万元趸缴。

三、 到期资金客户营销沟通技巧及案例分享

对于到期资金客群，我们从管户营销角度需要及时（甚至提前）及全覆盖地进行对接。可以参考以下述流程：到期资金配置需求探寻——整体资产配置方案介绍及引导——在客户认可的基础上，探寻客户行外资金归集并做整体配置。

（一）到期资金客户营销策略分析

第一，这类客户群体通常会因为惯性继续存定期或购买理财产品。对于管户经理来说，产品到期是一个非常好的加强客户沟通联系的机会。目前，特意邀约客户来网点比较困难，通过线上进行营销也不容易，而定期、理财、国债、保险等产品到期却提供了一个能够与客户顺畅沟通的机会。

第二，在客户认同的基础上更容易增加资产量。这类客户的产品思维方式比较稳定，管户经理要经常和他们交流，通过情感沟通和一些辅助措施能比较容易增加客户的资金量。

第三，开发这类客户需要更加谨慎。通常这类客户的投资意识比较薄弱，对稳定性的要求更高一些。所以，如果想找到适合这类客户的投资产品，需要循序渐进。可以通过案例故事分享、财经资讯和金融知识分享，加深客户认知、培育客户兴趣，或者先用一些小的投资机会慢慢深化客户的投资意识。一旦这类客户能够认可产品和专业服务体验，就会对管户经理产生依赖，管户经理深挖客户潜力的机会也相对会比较多。

（二）营销话术参考

1. 定期存款到期提醒电话营销及邀约话术参考

（1）您好，请问是××先生/女士吗？

（2）您好，我是×行××支行的客户经理×××。我们支行就在××街道。您现在方便吗？

（3）是这样的，根据我行的系统提示，您×月×日有一笔定期存款到期，今天给您来电就是提醒您注意资金到账。另外也想和您沟通一下，如果您这笔资金暂时没有其他使用计划，您可以继续在我行做定期存款，这样可以让您的到期资金无缝对接产生更大的收益。您是怎么考虑的呢？

（4）是否需要给您介绍一下我们最新推出的产品呢？您今天或明天什么时间方便呢？您可以来网点，我为您详细介绍。

（5）（在有营销活动的情况下：临近××节日，我行在做"客户晋级送礼"活动，您只需要新增定期存款×万元，就可享受定期利率上浮的优惠，我们还会额外送您礼品。如果您在其他银行还有闲置资金可以考虑一并转过来……）

（6）好的，××先生/女士，那您明天来之前请跟我联系，我在网点等您。我已经添加了您的微信，方便的话请通过一下，便于后续及时为您提供贵宾客户专属服务。祝您生活愉快，谢谢，再见！

2. 理财产品到期提醒电话营销及邀约话术参考

（1）您好，请问是××先生/女士吗？

（2）您好，我是××行××支行的客户经理×××。我们支行就在××街道。您现在方便吗？

（3）是这样的，根据我行的系统提示，您×月×日有一个理财产品到期，今天给您来电就是提醒您注意资金到账。另外也想和您沟通一下，如果您这笔资金暂时没有其他使用计划，您可以继续在我行选择最新的理财产品，这样可以让您的到期资金无缝对接产生最大的收益。您是怎么考虑的呢？

（4）是这样的，相信您有关注到，在资管新规背景下，各家银行的理财产品都已经净值化，一些保本保收益的理财产品逐渐消失了，而我行理财产品算是比较稳健的，所以现在很多客户都在考虑拿一部分资金出来配置一些锁定长期固定利率的产品，比如三年定期存款。您的部分活期流动资金我们可以帮您做成智能理财，享受便利支取权益和比活期高出××倍的收益。这样综合收益会比较好。

（5）是否需要给您介绍一下我们最新推出的产品呢？您今天或明天什么时间方便？您可以来网点，我为您详细介绍。

（6）好的，××先生/女士，那您明天来之前请跟我联系，我在网点等您。我已经添加了您的微信，方便的话请您通过一下，便于以后联系。祝您生活愉快！

（三）到期客群营销案例分享

1. 营销案例一：客户没买过保险，就不配置保险了吗？

管户经理在系统中筛查定期存款到期客户，发现一名客户 2 年大额定期存款到期。营销过程如下。

一是电话邀约。10 月 9 日第一次电话邀约客户，以存款到期提醒和专属客户经理服务关系建立为切入点，添加客户微信，引导客户来行面谈。

二是 KYC 客户。客户如约来行，管户经理通过高效沟通了解了客户各方面情况，探询了客户资金到期后的用途。客户有两个小孩，一个已经参加工作，一个只有 10 岁，定期存款主要是为了 10 岁的小孩将来用；中短期无购房等大额支出，资金可以放长期。因此，刻画客户画像为终身寿客户。客户还有 20 万元资金在他行做短期理财，客户在本行的资金目前是每两年到期后转存。

三是找准痛点。管户经理引导客户回顾定期利率不断下调、存款收益不断缩水的趋势。告知其资金的长期用途与短期的期限不匹配的情况。

四是资产配置。资金长中短期配置，利用终身寿收益确定 3.5% 的优势，将未来长期收益锁定。客户提出异议，认为前五年没有收益，客户经理通过演算告知客户该产品长期收益高于定期。客户说其他银行推荐过好几次，她都拒绝了。管户经理认为这笔资金就算未来小孩用不到，还可以用于自己养老；并针对客户在行整体资金情况，建议制订活期理财、短期理财、定期存款和长期终身寿的资产配置组合方案。最终，该方案赢得客户认可。

以下为管户经理对此案例的一些思考：

◇利用系统查询到期客户，精准邀约，到期提醒，添加客户微信建立管户关系；

◇产品营销前 KYC 客户，了解客户的需求，精准画像；

◇引导客户关注自己的痛点，帮助客户认识到问题所在：长期用途与短期期限不匹配；

◇从资产期限配置而不是从保险产品出发，就是站在客户的角度在解决问题，而不是站在自己的角度销售产品；

◇没买过保险不等于不需要保险，为客户做资产配置是管户经理的职责所在，也体现我们的专业性，能够增强自己的竞争力。

2. 营销案例二：如何更好挖掘到期客户他行资金？

管户经理前期电话邀约的定期存款到期客户来网点办理转存业务，陪同客户一同到来的还有其老伴，夫妻双方均已退休。管户经理邀请客户落座，并为之倒水。在与老两口的交谈中，管户经理发现家庭财政方面丈夫有较大话语权，并且其对风险的偏好水平较低，属于风险厌恶型的。于是结合目前市场环境分析，管户经理建议客户继续进行定期存款的转存。并且，当得知客户还在他行有存款的情况时，管户经理以等级升级权益、专属贵宾服务为切入点，邀请客户将他行的存款转入，最终实现了 20 万元的转入。

以下为管户经理对此案例的一些思考：

◇耐心和专业是获得客户信任的前提和基础，而取得客户的信任是营销成功的关键；

◇顾问式营销要先充分了解客户的现状，再从中找出客户目前存在的问题点和痛点，最后给出专业且合适的解决方案从而促成营销；

◇在挖掘客户潜力时，不要局限于客户眼前的资产，要更进一步探寻客户隐藏的资产，结合合适产品和福利权益进行行外引存营销。

3. 营销案例三：如何利用到期邀约进行行外引存？

某日，管户经理对存量到期客户进行电话邀约。在沟通的过程中，管户经理了解到客户在他行还有 30 多万元的资金。管户经理借客户资金第二天就到期的机会，果断向客户建议将资金转入，可以在到期时一起做整体资产配置，统一管理，也省去了客户多跑几趟的烦恼。客户对此表示认可，随即通过他行手机银行转入 30 万元。同时，管户经理邀约客户第二天下午三点来网点沟通配置方案。

以下为管户经理对此案例的一些思考：

◇常态化客户维护是营销的根本，也是找到新营销机会的切入点；

◇在沟通的过程中，多问一句、多说一句，能够获得更多的有效信息，要用敏锐的嗅觉找到商机，增加客户的黏性和贡献度；

◇用心服务好客户，用心经营好客户，服务是营销的基础。

财富管理本质上是一个交互适配的过程。

财富管理并不神秘，无非就是基于对客户的精准、动态且全面的画像分析，选择适配的金融产品组合配置和服务，以满足客户在不同阶段、不同场景下的多元化需求。因此，精准的客户筛选和识别分析是财富管理工作的前提和基础。

在进行客户筛选和画像分析的过程中，建议大家先从管户 CRM 系统的各类智能搜索标签入手，明确需要重点关注的客群类型，定期展开客群资源盘点，综合分析客户留存的基本信息、产品持有和金融资产分布情况。再通过进一步的线上线下沟通，从家庭财富管理的健康、平衡、可持续等维度切入，通过分享投资者教育的"知识营销"培育客户资产配置理念，逐步深入探寻、引导和激发客户的潜在需求，并逐步扩展到了解客户的他行金融资产信息和非金融信息，做好售前和售后服务，持续赢得客户的信任。

提质升级——如何高效推进客户等级
和综合贡献度双提升?

相信大家都知道"28 法则",贵宾客户对银行、对网点的重要性无须赘述。当前各家银行都在大力推进贵宾客户的拓展、维护、提质、挖潜、升级和防流失等工作。在各大银行日常的"客户类考核指标"里,不同层级的"贵宾客户提升量"基本上都是最大的一项考核。

贵宾客户的提升路径,涉及很多方向和方式方法。比如日常客户服务质量、贵宾客户专属福利权益的提升,优质客群的批量拓展(比如行政事业单位及优质企业代发薪客群、专业市场商贸客群等),优势产品的营销推动(比如房贷、信用贷的营销,新客专属理财的营销等)。这几个拓展增量贵宾客户的方向我们在此不做太多阐述。

我们在此重点关注的是存量客户的精准营销,比如临界待提升贵宾客户、临界降级贵宾客户、新晋级贵宾客户的营销等。我们从管户营销角度,基于数智化管户平台,以"挖潜力、控流失、促提质、强交叉"为主旨,重点开展目标客户挖潜、易流失客户挽留、升级提质营销和交叉销售提升等营销工作。

首先,要思考一系列底层逻辑问题:

我们拿什么来赢得客户的信任,让客户愿意在银行稳定资金或归集资金,成为贵宾客户?愿意配置更多产品以提升贡献度和忠诚度?愿意进一步升级成为更高等级的贵宾客户?

我们可以给贵宾客户提供专属的、特色的、有温度的服务吗?

我们可以提供更有优势的产品来吸引客户吗?能给客户带来帮助或

利益吗?

我们可以给贵宾客户提供更专业的专属解决方案,为客户创造更多价值吗?

我们可以给贵宾客户提供更丰富的权益增值服务,或整合资源让客户感觉到超值吗?

…………

当我们思考清楚这几个问题之后,就要开始以线上线下的方式触达客户,与客户进行高效沟通,通过信息、思想和情感的传递,赢得客户的信任和选择。

从营销实操角度来看,我们在筛选分析客户后,往往会通过电话营销的方式与客户做初次沟通,再添加微信做进一步沟通和争取。万事开头难,与陌生存量客户接触的时候,往往难就难在破冰。

接下来,我们按照表2-6所示的临界客户提升沟通策略思考,就相应的电话营销步骤、话术和营销案例进行分享。

表2-6 临界客户提升沟通策略底层思考

底层问题	沟通策略
为什么做临界客户提升?	实现揽存、客户提质、增强黏性
银行能够提供什么?	切入产品、特色服务、专属权益
对我(客户)有什么好处?	KYC 技巧,了解客户的痛点,顾问式营销方法

一、 临界待提升客户电话沟通及邀约话术参考

一次完整的电话营销,包含 5 个步骤:开场、议程、价值、承诺、异议。

1. 开场（就是通话的开始）

您好，请问是××老师吗？或直接说：××老师您好，我是××银行××支行的客户经理×××。我们支行就在××街道。

2. 议程（就是你今天聊的关键点）

今天给您打电话是有两个方面需要和您交流一下，您现在方便吗？

3. 价值（就是告诉客户我们会怎么提供帮助）

一是系统提示您即将达到我行贵宾客户的标准，特别感谢您对我行的支持。同时也是想给您介绍一下我们的贵宾专属服务（比如：在网点可以优先办理业务以及参加贵宾客户专享活动；在产品上会有专享的活期账户升级、专享理财产品等；以及优先无抵押无担保的授信额度）。建议您近段时间保持在我行的资金的稳定，或者归集其他银行的资金到我行，最好保持在 10 万元以上。这样下个月您就可以达到我们贵宾客户标准了。

二是想邀请您来做一个活期账户升级，升级后活期余额留存只要达到 5 万元以上，就可以享受活期的便利支取和高于活期近××倍的存款利息（通知存款）。这段时间很多客户都集中来网点办理，您明天是否有时间来网点办理呢？

4. 承诺（就是我们想要从客户那里得到哪些正面反馈）

那我们先约××时间可以吗？我刚加了您微信，您方便时请通过一下。您过来时请提前和我说。

5. 异议（就是当客户有不同意见或疑问时，该怎么解答）

①这个不耽误您时间的，您可以抽空过来。虽然现在很多业务已经不需要来网点办理了，但作为您的专属客户经理，我也想借此机会和您认识、交流一下，以便给您提供更好的针对性服务，同时也想感谢您支持我们的工作。

②如果您确实比较忙，那要不我们先加上微信，后续我们有贵宾客户专享的产品或活动我再及时告知您。建议您在我行多留一些存款，我们会针对在我行存款留存更多的客户，给予优先的授信或增加授信，这对您后续的资金需求也有帮助。对于存在我行的资金，我们也可以帮您做账户升级和产品配置，让您有更多的收益。再次感谢您对我们的支持。

二、　营销案例分享

1. 营销案例一：如何用好推力和拉力对临界待提升客群进行营销？

营销过程如下。

管户经理针对临界客户进行电话营销。

一是梳理客户名单。通过行内 CRM 系统筛选出资产临界客户，并通过管户系统对客户个人资产负债信息、持卡情况等金融信息，以及家庭地址、年龄等非金融信息进行分析，从而对客户的整体风险偏好有了初步的了解。

二是电话沟通。在实际电话沟通中，首先对该客户进行一对一的服务关系的确认，然后以权益升级为切入点，向客户介绍目前贵宾客户的权益，并告知客户其即将达到该标准。在后续沟通中，管户经理了解到客户在他行有活期存款，建议客户将资产归集至管户经理所在行，一方面可以实现等级权益升级，换发金卡，另一方面，还可以签约活期账户升级业务，在保证资金流动性的前提下，更好实现较高的收益。客户在进一步了解后，将他行的 20 万元转入。

以下为管户经理对此案例的一些思考。

◇通过系统查询、筛选临界待提升客群，精准邀约，提高成功率。

◇在产品销售前更好地 KYC 客户，分析客户更关注资产三性的哪一点，从而匹配合适产品。

◇通过利他原则，从客户的角度帮助客户分析现状，挖掘客户的痛点，比如排队时间较长等，并给出解决方案。同时结合升级后的权益描述，逃离痛点的推力和追求自身利益最大化的拉力，促成营销目标的达成。

2. 营销案例二：存量临界客户提升，激发客户意向

营销过程如下。

管户经理运用临界客户提升的方法，在一天内外呼 25 户，成功添加微信 5 户、意向客户 5 户，行外引存 1 户，总计金额 233 万元。

一是量变才有质变。管户经理平时也经常与客户进行电话联络，但是联络贵宾临界客户相对较少。刚开始其运用话术不够熟练，遭到了客户拒绝，但他并不灰心，几次之后，逐渐找到了感觉，成功率也越来

越高。

二是及时总结复盘。管户经理遭到拒绝后及时进行话术复盘，对通话进行总结，结合自己的风格，提炼、优化话术，客户渐渐不再拒绝，并且态度也都比较友好。

三是抓住客户的兴趣点。在沟通过程当中，管户经理重点描述对客户的好处。比如全国范围内可以优先办理业务、减免手续费、客户经理的"一对一"专属服务、有专属定制的产品、专享福利权益等。通过多问，捕捉客户的兴趣点，及时跟进营销。

以下为管户经理对此案例的一些思考。

◇复盘并坚持。无论失败还是成功，都要及时进行总结复盘，不断优化，形成自己的风格。

◇抓产品的关键。比如：对差旅客户来说机场贵宾厅就很重要；对一些重视身份证明的客户贵宾实体卡会有吸引力；对于关注"专属特性"的客户，专属定制就是吸引点。所以需要多问，抓住客户需求，放大产品的亮点与优势。

3. 营销案例三：降级的客户如何拉回来？

营销过程如下。

一是客户分析。客户本来是该行白金级客户。1月份网点为客户配置了某款抱团基金，导致客户亏损将近20%。客户对此有些想法，陆陆续续将大部分资金转出，仅留下持有基金和少量存款，无法达到白金级标准。

二是决不放弃。管户经理并没有知难而退，而是一如既往利用节假日进行问候，保持联系，持续不断进行投资者教育；定期分享财经资讯、市场动态和投资理财知识，引导客户树立长期投资的理念；帮助客户坚定投资基金的信心，并以专业的态度和知识帮客户做好基金健诊分析服务；对当前行情和后续趋势做分析。在节日前夕邀约客户喝茶，特别谈到白金卡客户权益的升级。

三是再次联系。再次联系客户，了解到客户要买房，建议把买房资金存入该行。

四是款项转入。很快，客户分两笔转入 200 万元，不久，客户恢复到白金卡级别。

以下为管户经理对此案例的一些思考。

◇压实管户责任，谁的客户谁负责，利用系统精准营销临界客户，发挥数智化赋能功能。

◇基金亏损是投资者近年面临的普遍问题，亏损越多的客户，越要与其保持联系，不联系就彻底失去了客户。

◇投资者教育是一项长期的工作，客户不是专业人士，而我们是，我们有责任做好投资者教育。

◇基金要做好组合投资，本案例中客户只有一只基金，且金额较大，行业轮动导致基金向下波动，超出客户预期。

"挖潜力、控流失、促提质、强交叉"是衡量管户工作的重要标尺。贵宾客户的提质升级工作，主要是围绕目标客户挖潜、易流失客户挽留、升级提质营销和交叉销售提升等营销工作展开。我们需要从底层逻辑上思考，要提供什么样的服务和创造什么样的价值，从而赢得客户信任，使客户忠诚度和贡献度有所提升。

三

财富管理

认知升级——财富管理顾问式营销的认知误区和难点

"管理维护着大量的存量客户，该和哪些客户做财富管理沟通呢？"

"客户千人千面，有不同特征和风险点，我该从哪里着手呢？"

"我每天也在接触大量的客户，想和客户谈财富管理，但沟通总是不顺畅……"

"我每次也和客户沟通较长时间，但在最后临门一脚上，客户老是说再考虑，促成不是那么容易……"

相信每一名银行营销人员在工作中都会产生类似的困惑。近年来，我们都会有这样的感觉——随着经济的发展，客户的财富管理意识越发强烈，不同层级和类型的客户，其特征和需求日趋多元化，过往的营销技巧与现在的财富管理顾问式营销趋势越来越不匹配。

营销方式需要加快转型升级，客户特征趋于多元化和个性化，客户越发专业、需求越发深层次……这一系列的难题，让我们无所适从。

"工欲善其事，必先利其器。"这些难题对我们提出了更高、更专业的要求。

笔者从七个方面，梳理总结了在银行客户财富管理顾问式营销中，银行营销人员会遇到的相关难题，并浅谈对应的解决办法，希望对各位营销人员有所启发。

一、 如何精准地找到财富管理顾问式营销的目标客户？

（一）难点分析

也许您会说，我们为什么要筛选客户，现在不是人人都需财富管理的吗？

确实，现在已然是财富管理的黄金时代。疫情的影响、经济环境的各种不确定性、房产投资性红利的减少……使很多家庭正在或计划提升金融资产的配置比例。而如何实现金融资产的保值增值，以对抗低利率时代的趋势和通货膨胀？在面对五花八门的投资工具、震荡的金融市场和丰富的金融产品的时候，很多客户的金融知识是很缺乏的，需要通过专业投资机构和专业人士的服务来实现科学的家庭财富资产配置。

那何为财富管理顾问式营销？笔者的理解是把客户的财富需求和金融产品进行合适的动态匹配。而当我们把有限的精力投入主动营销的时候，如果目标客户筛选不够精准，营销效率和成功率就会大打折扣。

（二）解决办法

一是要有数智化客户经营思维。当前，各大银行都在加快数智化客户管理及营销系统的建设，因此，营销人员需要具备充分的数据分析和解读能力，对各层级、各类型客户展开数据化的解构性分析。比如，基于金融资产层级、金融资产属性偏好、产品持有特征、风险承受能力等维度，或客户年龄、性别、行业职业、家庭特征等维度。这些在不断升级的数智化系统中不断完善的筛选功能和客户标签，需要我们以数智化的思维来熟练掌握和运用，基于不同的营销目标，精准筛选目标客户。

二是从"找客户"升级为"让客户找自己"。银行营销人员都有自己的"客户池"。在池子里，有陌生的、认识的、熟悉的、信任的各类型客户。从客户关系递进的角度来看，陌生客户初期与营销人员接触时，通常会存在敌意或防备心理。这些都很正常。而随着客户关系的培育和递进，营销人员与客户的关系进入开放期和接纳期，就会呈现"我不找客户，客户找我"的状态。客户关系培育不是简单的客户服务升级和情感递进，而是通过"知识营销"来培育客户对家庭财富管理的认知，从而激发需求。

二、 对客户信息缺乏足够了解， 不能针对性地进行沟通和提供财富管理解决方案

（一）难点分析

说到这一点，很多人可能不服气："我肯定了解客户信息啊，我们管户系统里的客户信息都很完备，不了解的话，怎么能给客户做计划呢?"

在实际的银行财富管理顾问式营销中，我们对客户信息的了解更多是基于 CRM 系统，对客户基础信息、在行产品持有和资产分布情况等方面有初步的认识。但要更好地把握客户需求点、风险点，这些远远不够。

比如对于很多高净值客户而言，财富管理已经不再仅仅关乎客户个人，还涉及整个家庭、家族，乃至企业经营等方面，只有了解了这些情况，我们才能更好地发现客户是否存在家企债务混同的情况，以及在税务筹划、婚姻财产规划、子女或代际传承、自身及父母养老等方面的风险点、需求点或痛点。

（二）解决办法

对客户进行初步的标签定位，基于相关标签对客户进行更深层次的了解。

　　比如基于年龄，可以对客户家庭生命周期做大致判断。在不同的阶段，客户的特征和潜在需求也会有所不同。在客户财富管理顾问式营销中，我们可以对客户潜在需求做较为精确的预设性判断，在与客户的沟通中进行验证，进而探寻、引导、激发客户相关需求，并与客户就财富管理规划做针对性交流。

　　如果初步了解到客户在经营企业，那围绕"企业主"这个标签，就需要对企业所属行业、股权架构、企业经营状况、家企混同状况、企业资产、企业未来规划及传承等方面再深入了解。可以是查阅企业的相关公开资料，或拜访客户进行深入交流等。

三、 是激发客户需求， 还是创造客户需求?

（一）难点分析

　　我们一般将客户需求分为"显性"和"隐性"，而"隐性"需求往往需要我们在与客户沟通中探寻、引导和激发（也有人称之为"创造"）。

　　所谓"创造需求"，可以理解为客户本来没有某方面的需求，营销人员靠自己的猜测，主观认为客户会有或者可以有这方面的需求，不清楚或没有精准把握客户的真实情况。比如客户的家庭婚姻关系很稳定，我们却和客户大谈特谈婚姻风险，那就会引起客户的反感。这就是所谓的"创造需求"，会造成我们推荐的产品不匹配客户真实需求的情况，那客户不成交或产生遗留问题，就再正常不过了。

　　这里需要注意，创造需求与激发潜在需求表面上相似，本质上却完全不同。激发客户的潜在需求，说的是客户的需求是真实存在的，只是他自己没发现，需要专业人员来探寻、引导并告知他。

（二）解决办法

　　那如何激发客户的需求呢？在这个环节之前，我们需要先做铺垫。

其主要包括两个方面。

一是"感性切入"。首先需要客户在沟通中放下防备心理，因此我们不能急于进入产品销售环节，我们将之称为"破冰"。而"破冰"最好的切入点就是和客户在一些共同话题上产生共鸣，比如我们可以谈行业或工作、子女教育、养生保健、穿着打扮、时事新闻、投资理财等。

二是在"感性切入"的基础上，做"理性分析"，引导客户对科学的家庭财富管理做理性的思考，关注当前财富配置的缺失、风险或不合理。沟通切入点及方式如表 3-1 所示。

表 3-1　客户财富管理顾问式营销沟通切入点及方式解析

切入点	简介	切入方式
行业或工作	如果了解客户从事的行业或者工作的特点，这会是一个很轻松的话题	谈论客户的职业环境，工作成就或者工作艰辛等——引入工作目的，比如"为了自己和家人能过上优质生活""积累财富"等——从家庭风险管理为切入点进入营销主题
子女教育	如果事前知道客户有孩子，或是见到了客户的孩子，那么子女教育的话题就是一个绝佳的切入点	聆听或相互交流育儿经验、了解客户对孩子的良苦用心——引入医疗费、教育费等——从子女教育金提前规划为切入点进入营销主题
养生保健	随着现代社会生活和工作节奏的加快，越来越多的客户开始关心养生保健。如果客户对这方面有心得，这将是拉近客户关系的最有价值的话题之一	分享医疗常识，分析因健康问题而产生的费用——从通过保险规划进行风险转移为切入点进入营销主题
穿着打扮	第一眼见到客户后，我们可以看出客户衣着打扮的风格是怎样的，如果客户很重视仪容仪表，那么这个话题就轻松自在多了	对客户进行赞美——分析因追求生活品质而产生的费用——从通过规划家庭理财、实现财富保值增值来获得品质生活为切入点，进入营销主题

表3-1(续)

切入点	简介	切入方式
时事新闻	我们要多了解时事大事,要有自己的见地。聊这方面的话题永远都不会过时	分析与投资理财相关的热点事件——分析如何在经济环境的变化中让财富保值——找到机会切入营销主题
投资理财	作为客户经理,对投资理财当然有更深入的认识。如果客户对投资理财颇感兴趣,我们就要发挥专长。从这个话题切入我们要销售的产品是非常自然的	相互分享理财经验——谈自己作为金融专业人士是如何理财的——引导客户考虑将家庭财富交由专业人士打理——找机会切入营销主题

在经过上述两个环节的铺垫后,我们再进入"激发需求"这个环节。要想更好地激发客户需求,可以尝试从两个方面着手。

一是善于分享故事。故事往往可以将客户代入情境,使客户产生"代入性的思考",进而使客户对我们想表达的观点产生认同和接受。

二是善于引用数据。比如存款或理财收益下滑趋势的数据、未来子女教育或养老的资金储备数据、患病或意外风险概率等。要注意体现数据来源的权威性。

四、 客户还未具有较高的信任度, 很难展开深层次的财富管理沟通

（一）难点分析

笔者经常在培训中问学员一个问题:"什么样的客户最容易成交?"

一般大家很快就会给出答案:

一是有显性需求的客户,这类客户只需要在提供服务的基础上,为其提供专业的解决方案、匹配产品即可;

二是有信任关系的客户,有信任就会有高效率和深层次的沟通,从而快速促成交易。

(二) 解决办法

那么，我们该如何快速赢得客户的信任呢？

这是一个很宽泛的话题，因为有多种方法可以赢得信任。如果一定要归纳，笔者个人觉得可以用一句话概括："信任源于高效沟通。"

笔者对"高效沟通"的理解是，基于一定的沟通目标，以线上或线下的方式，进行信息、情感和思想的传递，与客户形成有效的、持续的交互。关键细节如图 3-1 所示。

最佳的沟通效果是既解决了问题，又赢得了人心。

图 3-1　获取客户信任的七个关键细节

如第二章中提到的，客户关系发展一般要经历四个时期：敌对期、防备期、开放期和接纳期。

怎么判断客户是否已经信任我们了呢？这是一种感觉，如果您感受到双方沟通是舒服的、流畅的，那这就是信任的表现。比如客户愿意多聊他自己各方面的情况，积极与我们探讨资产配置方案的选择等。同时，要在不同的客户关系时期设定不同的沟通目标，注意不同的沟通方式和内容，如表 3-2 所示。

表 3-2　各个阶段的沟通目标、内容、方式

时期	沟通目标（最佳）	沟通内容	沟通方式
敌对期	吸引客户的注意力	客户的基本信息	短信或微信
防备期	了解客户生活习惯	客户的兴趣爱好	微信或电话
开放期	挖掘客户潜在需求	客户的潜在需求	电话或面谈
接纳期	提供资产配置建议	客户的资产配置	电话或面谈

五、　与客户面谈前准备工作不充分，　没有系统的沟通计划

（一）难点分析

几乎每位银行营销人员都知道，在与客户面谈前做好充分准备的重要性，但真正能做到的人其实并不多。

之所以如此，一方面是因为没有做到"知行合一"，经常抱着试试看的心态去和客户沟通，这种心态是与客户面谈的大忌。很多优质客户的时间非常宝贵，他们在谈话中如果没有收获，很可能就转而找其他人了——要相信，他们的身边绝对不止一位银行营销人员。所以，应该把每一次见面的机会当成唯一一次或最后一次机会，全力以赴。另一方面是因为做准备工作时没有系统的沟通计划，往往是想到什么就准备什么，导致准备工作做得不够充分。

（二）解决办法

除了展示职业形象，准备必要的展业工具、伴手礼品等之外，在与客户面谈之前，我们还需要问自己三个问题。

第一，客户为什么要做财富管理，配置相关产品？

笔者的理解是，风险点、痛点在哪里，需求就在哪里。要想清楚客户为什么要？就要明确客户有哪些风险点和痛点？

归纳起来就是首先要收集、分析客户的信息，其次找出客户存在的

风险点、痛点，并提出解决方案，最后还要用客户听得懂、听得进去的方式把这些信息传达给他。

第二，客户为什么要在我这里做财富管理和产品配置？

如今的市场是一个"买方市场"，客户有很多银行或金融机构可以选择。在见客户前，我们需要明确"客户为什么要在我这里做财富管理和产品配置"。

竞争需要有差异化或特别的优势体现，比如：服务价值、可靠性；相关产品的匹配度或综合性解决方案的充分性；银行的品牌、口碑、相关衍生性的权益等。

第三，客户为什么要现在做财富管理优化配置？

在与客户的营销沟通中，很多时候会出现这样的情况：客户觉得营销人员讲得有道理，方案也有触动他的地方，但他始终不着急做决定。客户会有习惯性的"拖延症"，这是很正常的。

在此需要做的就是要提前分析客户有哪些需求是迫切的，基于此，明确及时优化相关配置的必要性，从而避免给客户造成损失或风险。或者先突破较为容易的配置模块，让客户当下就做调整，进而让客户有较好的体验以推动后续的优化配置。

六、 与客户的财富管理沟通很快就进入产品推荐环节， 过于急功近利引发客户的反感

（一）难点分析

虽然向客户推销相关产品是营销人员的最终目的，但很多营销人员容易急功近利。这种方式确实也会促成交易，但成功率很低，而且降低了很多客户的沟通体验，机会将越来越少。

（二）解决办法

一是在营销理念上要有进步。当下已经进入财富管理时代，大量案

例表明，客户已经明显拒绝"推销式"的沟通。

所以与客户的交互不应该再是"销售型"的，而应该是"顾问式"和"服务型"的。服务要优先，服务要前置，要提供专业的服务方案，这样才能被客户接纳。

二是要有清晰的沟通思路，总结为：共同话题破冰切入——客户关键信息进一步了解——客户需求探寻、引导和激发——财富管理规划解决方案针对性提供——理念和方案得到认可之后的相关适配性产品配置。

七、 把"资产配置" 视为"财富管理"， 行"产品销售之实"

（一）难点分析

我们在谈论财富管理时候，经常把"资产配置"挂在嘴边。笔者有一种感觉，现在很多营销人员把资产配置当成了可以包治百病的"大力丸"，认为客户的问题都可以通过资产配置来解决，和谁都大谈特谈资产配置，但行的却是产品销售之实。最后给客户带来误解，即分散配置不同的产品，就是资产配置了，就万事大吉了。

比如 2022 年、2023 年，给客户配置的很多基金都存在浮亏，虽然从资产配置的角度看，基金也只是其中的一部分，但很多客户仍然恐慌，甚至对营销人员进行投诉。

这个时候我们就要问一下自己，资产配置为什么没有"显灵"呢？

（二）解决办法

首先，我们要对财富管理和资产配置的区别做一下说明。

我们可以将财富管理比作医疗服务，其中财富管理顾问扮演着医生的角色。他们负责对客户的财富状况进行全面的检查和诊断，提供专业的建议和信息，确保客户的财富健康。

这包括但不限于以下几个方面：

（1）财富健康检查：就像医生对患者进行体检一样，财富管理顾问会对客户的财务状况进行评估，识别潜在的风险和机会。

（2）信息传递与理念培育：医生会告知患者健康状况并提供治疗方案；同样，财富管理顾问会向客户传达市场信息，培育客户的投资理念。

（3）解决方案设计：根据患者的具体情况，医生会制订治疗计划；财富管理顾问会为客户设计个性化的财富增长和保护方案。

（4）财富增值：医生通过治疗帮助患者恢复健康；财富管理顾问通过投资策略帮助客户实现财富的增长。

（5）财富保障：医生对疾病进行防控；财富管理顾问通过风险管理确保客户的财富安全。

（6）财富自由：医生帮助患者恢复正常生活；财富管理顾问通过财务规划帮助客户实现财务自由。

（7）财富传承：医生关注患者的长期健康；财富管理顾问帮助客户规划财富的传承，确保财富的持续和稳定。

通过这样的服务，财富管理顾问不仅可以帮助客户实现短期的财务目标，而且更有利于客户的长期财富健康和传承规划。

而资产配置可以理解为药厂或药店里面生产或销售的各种药品，也就是各种金融产品，如债券、股票、房产、基金、保险等。可以根据客户可承受的风险和期限对其做相关配置组合。

两者的区别在于宏观上的规划和微观上的操作。

理解了两者的区别，我们要做的就是先做宏观上的财富管理健诊分析和规划，再做微观上的资产配置。

要特别强调的是，财富管理和资产配置都不是静态的，而是一个动态的过程，我们需要动态跟进客户。比如在前面谈到的基金配置上，要前置长期投资的理念，同时做好仓位管理和均衡配置的建议，并以持续的售后服务做好动态的平衡。

当前各家银行都在加快财富管理的转型升级，如私行、财富管理中心和银行系理财公司的成立，财富顾问、理财经理队伍的建设，数智化管户赋能和智能投顾系统的升级⋯⋯未来已来，我们任重道远！

资产配置——如何高效进行客户资产配置顾问式营销?

随着资管新规和新一轮金融改革的深入推进,银行零售行业自身也在因时而变,出现了许多新的特点、变化和趋势,同业之间的竞争也呈现白热化。随着财富管理业务在中国金融市场的不断深化,客户对资产配置的需求也不断扩大、升级。客户配置也从最初的 1.0 时代步入了当今的 4.0 时代,从最初的单一产品配置,到多元产品配置,到不同资产类别的配置,再到如今不同市场、不同国别、不同类型的立体配置。

《2023 中国私人财富报告》中对高净值客户的访谈表明,高净值人士个人及其家庭,最重要、最迫切的需求是专业的资产配置,这就要求财富管理机构、私人银行资产配置的专业能力要明显提高。但纵观各家机构的理财经理,大部分还是以传统单一产品推销为主,资产配置理念较为粗浅,在利用资产配置这个工具提升产能和客户价值上还有很大空间。

我们先来看一下何为资产配置。

资产配置是指根据投资需求将资金分配在不同资产类别中,通过分散配置各个大类,减少投资组合的波动,进而通过长期投资,实现资产增值的目标。

理财经理需要掌握如何从客户整体资产和生命周期需求出发,运用资产配置理念进行简单产品、复杂产品的组合营销,通过资产配置动态再平衡和财富检视实现客户的持续邀约和循环营销,协助客户有效配置资产。

那如何将资产配置的理念运用于实际呢?深入剖析资产配置理念,

提升资产配置顾问式营销实战能力，成了零售人员不断探索的客户经营技能。

基于财富管理时代的大趋势，下面笔者介绍"资产配置顾问式营销四部曲"。

一、　第一步：　以客群精准筛选为主线的管户计划

可基于数智化管户平台，进行重点客群的精准筛选分析，进一步明确目标客群的资产配置顾问式营销沟通方向。九大重点客群及相关沟通要点如下。

（1）大额活期闲置资金客户——客户专属服务关系建立、客户需求探寻、通知存款或定期推荐、产品交叉营销；

（2）定期持有客户——客户专属服务关系建立、到期时间、定期产品特征、活期升级、他行闲置资金营销、保险；

（3）固定期限理财客户——客户专属服务关系建立、到期时间、活期理财、理财与定期、理财与保险、理财与基金；

（4）开放式理财客户——客户专属服务关系建立及情感维护、客户特征及需求探寻、产品交叉营销；

（5）股票型基金及定投持有客户——客户专属服务关系建立、当前盈亏及持有基金健诊分析、专业建议及二次营销；

（6）货币基金持有客户——客户专属服务关系建立、同类型产品转化或升级、投资需求探寻、产品交叉营销；

（7）三方存管客户——客户专属服务关系建立、投资需求和收益情况探寻、资产配置沟通、基金营销；

（8）保险持有客户——客户专属服务关系建立、不同险种交叉营销或重复营销；

（9）账户及实物贵金属投资型客户——客户专属服务关系建立、投资需求探寻、资产配置沟通、定期或理财及基金营销。

二、 第二步： 重点客群维护、 邀约及线上营销

（一）成功邀约三大要点

一是让客户感觉到真诚和专业；

二是让客户感觉到能给他带来利益或帮助；

三是让客户感觉到贵宾待遇、权益和尊重。

（二）三大邀约理由

一是贵宾客户专享活动、专享产品、专享礼品或权益领取邀约；

二是贵宾客户业务办理提醒邀约（定期到期、理财到期、保险及国债到期、活期升级、货币基金升级、贵宾卡升级、磁条卡升级、传统定期升级、新产品推广、掌银或信用卡办理等）；

三是贵宾客户专享金融服务和非金融服务邀约（如年度贵宾客户资产健诊服务等）。

那么，该如何进行邀约呢？下面以与基金持有客户的电话沟通为例来进行说明。一次完整的电话营销，包含5个步骤：开场、议程、价值、承诺、异议。

---

1. 开场（就是通话的开始）

您好，请问是××老师吗？或直接说：××老师您好，我是××行××支行的客户经理×××。我们支行就在××街道。

2. 议程（就是你今天聊的关键点）

今天给您打电话是有两个事情需要和您交流一下，您现在方便吗？

3. 价值（就是告诉客户我们会怎么提供帮助）

一是系统提示您是我行贵宾客户，特别感谢您对我行的支持，支行委派我作为您的专属客户经理，如果后续您在我行有存贷、理财等方面的问题，可以随时联系我。今天给您致电是想先与您建立联系，便于后续的服务。

二是系统提示您在我行购买了基金，请问是近期买的还是放了很长时间了呢？

您平常有关注您基金的收益情况吗？

①我们的系统提示您的参考收益是××，最近市场行情比较震荡，我们近期集中邀请基金客户到我行开展健诊沟通服务，可以帮您分析一下持有基金情况，看是继续持有、赎回，还是做相关调整。

②如果您有闲置资金，可以考虑再配置几只优选基金，您看可以加微信为您推荐一下吗？

③您也可以通过掌银直接办理，给您推荐的基金过往收益和基金经理评分都是非常高的。（或者：看您今天或明天是否有时间来网点？我给您分析一下，听听您的想法。）

4. 承诺（就是我们想要从客户那里得到哪些正面反馈）

那我们先约××时间可以吗？我刚加了您微信，您方便时请通过一下。您过来时请提前和我说。

5. 异议（就是当客户有不同意见或疑问时，该怎么解答）

这个不耽误您时间的，您可以抽空过来。虽然现在很多业务都不需要来网点办理了，但作为您的专属客户经理，我也想和您认识交流一下，以便给您提供更好的针对性服务，同时也想感谢您支持我们的工作。

三、 第三步： 基于资产配置的客户顾问式营销

沟通切忌两点：

一是一上来就谈产品，目的性太强容易引起客户反感，使贵宾客户维护工作得不偿失。

二是接待前不做客户分析准备。务必要提前在管户系统中了解客户信息、产品持有情况、资产配置分布和合理性，明确沟通要点。

客户到店接待及沟通一般可分为四步。

一是接待。请客户到贵宾客户接待区、客户经理办公室或空闲的低柜区域落座，切忌让客户站着或随意在大堂找个地方交流。同时给客户

递水，有条件的网点还可以准备点心、水果等供客户食用。

二是寒暄拉近距离。客户难得来网点一次，一定要充分沟通交流，特别是要针对客户的资产配置为客户做回顾和分析，听听客户的想法并给一些建议以供参考。

三是可以参考资产配置"4321 法则"（需要根据客户情况针对性地、灵活地调整），结合客户的产品配置情况，从客户本身持有的产品或感兴趣的方向开始交流。如客户主要是存活期，建议客户签约通知存款或做活期理财；客户主要是理财，建议客户进行短期和长期配置（定存或理财型保险），对应当期理财净值化背景下的收益波动和潜在风险；客户买了基金，则与客户做当期基金盈亏分析和基金评价分析（可借用 CRM 系统管户软件和 Beta 理财师等三方财富软件）。

四是肯定和赞美客户的储蓄习惯、理财意识或工作能力，以此拉近距离。在上述沟通过程中，不忘了解客户产品偏好、家庭情况；同时可以结合"4321 法则"，给出顾问式诊断，分析客户资产配置上的缺失，并有条理地提供综合性建议，逐项与客户沟通从而达成共识。特别是针对客户长期养老规划、子女教育金储备、家庭保障方面的缺失，建议客户做家庭财务管理，一定要做到短期和长期、灵活与固收、稳健和投资兼顾。产品无好坏，只是满足不同客户的不同需求。

资产配置顾问式沟通切入话术参考，如表 3-3 所示。

表 3-3　资产配置顾问式沟通切入话术参考

切入角度	具体话术
通货膨胀与货币贬值	◇您知道为什么现在的钱变得越来越不值钱了吗? ◇您存款的收益根本抵不过物价的上涨,您说是吧? ◇上次有一个客户跟您一样把钱存成活期,可他采纳了我们的理财建议后收益高了好几倍,您知道我们是怎么建议的吗? ◇您有没有觉得同样是 100 元,但每年能买的东西越来越少呢? ◇您觉得您的工资够花吗? ◇简单的存款或理财方式根本抵不过物价上涨,所以很多人都说钱越存越不值钱了,我们银行员工有更好的理财方式,但是怎么理财、拿多少钱来理财比较合适,不知道您是否清楚?我们银行员工有更好的理财方式,您今天正好来了,我来给您讲讲银行员工是怎么理财的吧。
资管新规的出台	◇您是否了解,这几年不仅理财产品收益下行,政策和市场方面还有很多变化? ◇您以前经常买理财产品,不知道是否关注了近期出台实施的"资产管理新规"? ◇理财产品不再保证刚性兑付,而会以净值型产品为主,收益不确定,封闭期也会较长。 ◇您可能已经感觉到了理财产品的收益一直波动下行,目前产品的期限和收益都发生了很多变化,发行规模正在缩水,到期承接越来越难。 ◇但是怎么理财、拿多少钱来理财比较合适,不知道您是否清楚? ◇您今天正好来了,我来给您讲讲银行员工是怎么理财的吧。 ◇所以在收入稳定的前提下,合理配置家庭资产也是很重要的,您看您有孩子,又要赡养老人,自己也有开支,一不小心就超支了。正好今天您有时间,您坐下,我给您讲讲我们行对贵宾客户的理财建议。

表3-3(续)

切入角度	具体话术
利率下行趋势	◇（以 2023 年为基准，基于近十年农行三年定期存款利率的变化趋势，分析存款利率的下行趋势以及对未来的展望）从咱们银行三年定期存款利率变化来看，十年前，您习惯4%的利率；五年前，您习惯3%的利率；现在，您习惯2.75%的利率。考虑到全球经济的不确定性和可能的低利率环境，预计未来五年内，三年定期存款利率可能会继续呈现下行趋势。因此，很快您可能要习惯不到2%的利率；十年后，您甚至要习惯真正的零利率。 ◇如果您关注中国近三十年基准利率走势的话，有没有发现利率走低？未来这个趋势还会继续延续下去。 ◇如果不做好理财规划，您的财富就会在无形中缩水和被侵蚀。 ◇所以，在收入稳定的前提下，合理配置家庭资产也是很重要的。 ◇资产配置的关键点在于：抵御风险，有效获取更高的收益与更好的保障。
生命周期理论	尊敬的客户，您好！ 首先，我想对您在财务上的成功表示祝贺。以您目前的年龄和财务状况来看，您正处于个人财富积累的黄金时期。这个阶段，您的收入稳定、家庭经济基础坚实，是进行资产配置和未来规划的理想时期。 随着年龄的增长，我们创造和管理财富的能力可能会有所变化。因此，现在正是考虑长期财务安全和退休规划的最佳时机。通过合理规划，我们可以确保在退休后依然享有稳定和舒适的生活。 我理解您可能倾向于保守的财务管理方式，例如选择定期存款或活期存款。这些选择在短期内确实能带来一定的安全感，但从长远来看，我们可以考虑更多元化的资产配置策略，以实现资产的保值增值。 接下来，我想与您探讨如何根据您的风险偏好和财务目标，合理分配不同类型的投资账户。这不仅能够帮助您优化资产配置，还能为您带来更稳健的收益，同时降低潜在的风险。 我们的目标是为您制订一个全面的财务计划，确保您的资金在安全的前提下，实现最佳的增值效果。我期待与您进一步沟通，共同制定一个符合您个人需求的财务策略。感谢您的信任，期待与您的合作。

表3-3(续)

切入角度	具体话术
客户风险测评	客户经理：××先生/小姐，您这部分资金，我帮您做个理财规划，让您的钱既稳健，又有高收益增长空间，兼顾时间的长短和资金的流动性，您看好吗？ 客户：好的啊！ 客户经理：根据您的风险测评结果，您的投资风格属于稳健型；我想给您就整体可支配资金做这样的配置建议……您看这样的配置比例是否可以？如果可以，我再给您挑选合适的产品……

结合标准普尔资产分配模型来看，资产配置顾问式沟通洽谈可分为如下几个步骤。

步骤一：建立联系与说明目的。

关注客户对理财表现出的兴趣，了解客户是否已经对不同的投资方式有所研究，告诉客户股市会波动、银行利率会调整，单一的金融产品往往难以抵御时间的考验。因此，进行合理的资产配置是实现财富保值、增值和传承的关键。

标准普尔是一家成立于1860年的全球权威金融分析机构，总部位于美国纽约。通过对全球十万个资产稳健增长家庭的理财方式进行调研和分析，标准普尔总结出了一套被广泛认可的家庭资产分配模型。接下来，为客户详细介绍这一模型。

步骤二：介绍标准普尔资产分配模型。

标准普尔资产分配模型中包括四个账户。

一是流动资金账户。这个账户用于应对短期消费，如日常生活费用、旅游支出等。建议该账户中的资产比例为家庭资产的10%，以覆盖3~6个月的生活费用。相关金融产品配置建议如图3-2所示。

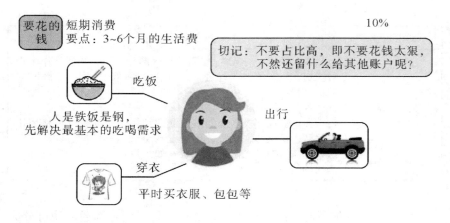

图 3-2　流动资金账户

　　二是家庭保障账户。这个账户用于应对突发事件产生的大额开支，如意外事故或重大疾病。建议该账户中的资产比例为家庭资产的 20%，但应根据个人情况灵活调整。具体配置建议如图 3-3 所示。

图 3-3　家庭保障账户

　　三是稳健资产账户。这个账户用于确保本金安全并抵御通货膨胀。建议该账户中的资产比例为家庭资产的 40%。重要的是，这个账户中的资金不应随意动用，并且应有固定的资金流入。具体配置建议如图 3-4 所示。

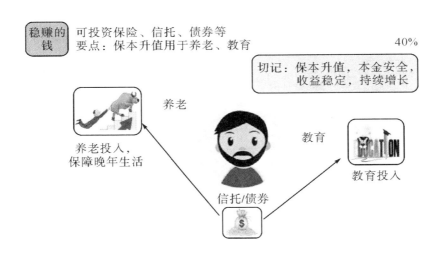

图 3-4　稳健资产账户

四是投资收益账户。这个账户用于为家庭创造收益。建议该账户中的资产比例为家庭资产的 30%。投资应考虑经济周期、宏观政策等因素，以实现收益最大化。具体配置建议如图 3-5 所示。

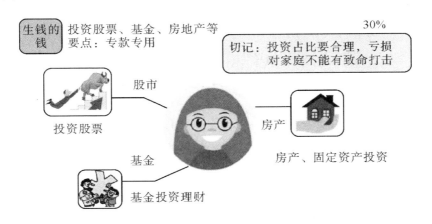

图 3-5　投资收益账户

步骤三：总结标准普尔资产配置象限图。

标准普尔资产配置象限图为家庭提供了一个全面的视角，帮助家庭根据自己的实际情况进行资产分配，如图 3-6 所示。

图 3-6　标准普尔家庭资产配置象限图

步骤四：产品推荐。

一是期缴产品推荐。根据标准普尔的资产配置模型，建议客户可以考虑增加稳健资产账户的配置。例如，某些产品可以作为养老金或教育金的一部分，同时保持资金的流动性。

二是存款产品推荐。如果客户投资收益账户的配置较多，可能需要考虑资产配置的风险。建议将部分资金转入大额存单，以获得比定期存款更高的收益，同时保证资金安全。

四、 第四步： 沟通交流中如何促成营销？

在进行资产配置检视时，我们首先需要与客户就资金的合理分布达成共识。这意味着我们要从理念上引导客户，让他们理解为什么需要将资金分配到不同类型的产品上，以及这样做的好处。

第一步：理念达成共识。

我们首先从客户偏好的产品类型开始沟通，这些产品通常简单易懂，易于客户接受。通过这种方式，客户可以快速理解并决定在本次访问中办理相关业务。

第二步：产品匹配与调整。

在理念上达成共识后，我们将根据客户的具体资金情况，提供合理的配置比例建议。虽然"4321 法则"是一个通用的指导原则，但我们会根据客户的实际情况灵活调整这一比例。

第三步：产品推荐。

一旦客户理解并接受了资产配置的理念，我们再向他们推荐具体的产品。在这个阶段，虽然产品的收益和期限是重要的考量因素，但它们并不是唯一的决定因素。我们的目标是确保所推荐的产品与客户的理念和需求相匹配，而不仅仅是追求最高的收益或最短的期限。

简而言之，我们要更注重产品是否符合客户的整体资产配置策略和个人偏好，而不仅仅考虑收益或期限。我们希望通过这种方式，帮助客户做出更全面、更符合他们长期利益的决策。通过这种方式，我们确保了沟通的透明度和专业性，同时也让客户感到所做的决策是基于深入理解和个人需求的，而不仅仅基于短期的收益或期限。

在当今金融市场快速发展和客户需求日益多样化的背景下，资产配置顾问式营销已成为银行零售业务的关键。通过深入理解客户的需求，结合专业的资产配置理念，营销人员为客户提供个性化的财富管理方案，帮助客户实现资产的保值增值。笔者详细介绍了资产配置顾问式营销的四个步骤，从精准筛选客群、维护邀约、顾问式营销，到促成营销的沟通技巧，期望为营销人员提供一套系统的营销策略和实战技巧参考。

随着财富管理业务的不断深化，营销人员的角色愈发重要。高效进行客户资产配置顾问式营销不仅需要对资产配置理念有深刻的理解，还需要结合客户的具体需求和市场趋势，运用数智化工具进行精准营销。我们需要不断提升自身的专业能力，通过建立真诚的客户关系、提供专业的财富管理建议，以及灵活运用资产配置工具，来满足客户的多元化需求，实现客户的财富增长和风险控制。最终，通过持续的学习和实践，在竞争激烈的金融市场中为客户提供更加专业、个性化的服务，实现客户与银行的双赢。

附：其他资产配置方案参考建议

客户深耕期：资产配置，方案设计　　　　参考建议一：客户生命周期

生命周期	现金管理类	固定收益类	权益投资类	另类投资类	保障类
形成期（26~34 岁）	20%	20%	40%	5%	15%
成长期（35~49 岁）	10%	35%	30%	5%	20%
成熟期（50~64 岁）	10%	50%	10%	10%	20%
衰退期（65 岁及以上）	20%	70%	0	10%	0

客户深耕期：资产配置，方案设计　　　　参考建议二：投资风险偏好

风险测评	现金管理类	固定收益类	权益投资类	另类投资类	保障类
保守型客户	30%	50%	0	10%	10%
谨慎型客户	30%	45%	5%	10%	10%
稳健型客户	30%	40%	10%	10%	10%
进取型客户	20%	40%	20%	10%	10%
激进型客户	20%	20%	40%	10%	10%

客户深耕期：资产配置，方案设计　　　　参考建议三：金融资产状况

金融资产（AUM）	现金管理类	固定收益类	权益投资类	另类投资类	保障类
一般核心客户（5 万~10 万元）	20%	50%	10%	10%	10%
普通贵宾客户（10 万~300 万元）	10%	40%	30%	10%	10%
财富级以上贵宾客户（300 万元以上）	10%	20%	40%	10%	20%

资管新规——如何认识和营销净值化理财产品？

2022 年，是"资管新规"落地元年！

银行业内人士大多都知道，早在 2018 年，央行"资管新规"相关政策文件就已正式对外发布，并设置过渡期至 2020 年年底。后因为新冠疫情防控等因素，"资管新规"过渡期延长至 2021 年年底。所以，2022 年新年伊始，"资管新规"正式落地，资管行业和银行理财产品的发行及营销进入新时代。

银行业内外谈了多年的"资管新规"这只"靴子"落地两年多以来，银行系理财产品市场发生了怎样的变化呢？整体收益表现如何？资金规模及理财客户量是呈增长还是下滑趋势呢？理财产品的营销面临哪些新的挑战呢？在新的政策背景和业务发展趋势背景下，该如何升级营销方式和方法呢？

一、 银行理财产品市场的最新变化

笔者先引用行业内相关的权威数据。2023 年 2 月 17 日，银行业理财登记托管中心发布《中国银行业理财市场年度报告（2022 年）》（以下简称"报告"）。受债市调整影响，银行理财规模明显缩小。报告显示，截至 2022 年年底，全国共有 278 家银行机构和 29 家理财公司有存续的理财产品，共存续产品 3.47 万只，较年初下降 4.41%；存续规模 27.65 万亿元，较年初下降 4.66%。从投资者数量及结构来看，截至 2022 年年底，持有理财产品的投资者数量为 9 671 万人，较年初增长 18.96%。其中，个人理财投资者数量为 9 575.32 万人，占比 99.01%；

机构投资者数量为 95.95 万个, 占比 0.99%①。

从上述分析可以看出, 虽然整体存续规模有一定的缩减, 但投资数量有显著的增长。各家银行在理财客户拓展和培育方面加大了力度, 客户自身的理财意识、需求和习惯也都发生了改变。而规模的缩减, 笔者认为是与 2022 年理财产品收益整体的表现有直接关联。

再来看一下相关数据。在资管行业打破"刚兑"的背景下, 2022 年, 理财产品累计为投资者创造收益 8 800 亿元。其中, 银行机构累计为投资者创造收益 3 602 亿元; 理财公司累计为投资者创造收益 5 198 亿元, 同比增长 1.45 倍。2022 年各月度, 理财产品平均收益率为 2.09%②。

可能很多理财经理在与客户沟通时, 都会讲到理财收益的净值化波动较以往呈下降趋势, 已经进入破"3"的时代。所以说, 数据分析是很重要的。不曾想变化如此之快, 在客户还存有勉强接受 3%收益的心理预期的时候, 平均收益率已然只有 2.09%了。

二、 关于理财产品本身的变化

按照"资管新规"的要求, 当前银行系理财产品需要转型为"净值型理财", 那转型情况如何呢? 根据业内的相关统计数据, 在 2022 年, 银行理财产品新发产品净值化率超过 99%, 这个数据已经足够具体。可以看到, 理财市场的净值化转型已经基本完成。

再来看看银行理财产品本身的分类是如何构成的。

2018 年 9 月 26 日, 中国银行保险监督管理委员会发布的《商业银

---

① 参见《2022 年银行理财规模 27.65 万亿, 平均收益率 2.09%》(https://baijiahao. baidu.com/s? id=1758150800354145632&wfr=spider&for=pc)。

② 同上。

行理财业务监督管理办法》第九条规定：商业银行应当根据投资性质的不同，将理财产品分为固定收益类理财产品、权益类理财产品、商品及金融衍生品类理财产品和混合类理财产品。

基于上述理财产品的分类，有数据显示：当前银行理财的主力军仍旧是固定收益类理财产品，截至 2022 年年底，其存续规模为 26.13 万亿元，占全部理财产品存续规模的比例达 94.50%，较去年同期增加 2.16 个百分点；其次是混合类产品，存续规模为 1.41 万亿元，占比为 5.10%，较去年同期减少 2.28 个百分点；权益类理财产品、商品及金融衍生品类理财产品的存续规模相对较小，分别为 0.09 万亿元和 0.02 万亿元。

而什么是固定收益类理财产品呢？这是根据产品的投资性质来划分的，是指产品投资于存款、债券等债权类资产的比例不低于 80% 的理财产品。固定收益类理财产品不低于 80% 的资产投资于债权类资产，另外 20% 的资产投资种类一般又可以细分为纯固定收益类产品和"固定收益类+"产品（也有人叫作固定收益类增强产品）。这里要特别提到一个误区：固定收益类理财产品不等于保本保收益，也不代表收益固定。

笔者发现，2018—2022 年，固定收益类理财产品平均兑付收益率从 4.95% 开始逐年下降，因为债市和股市的震荡，到 2023 年年初更是降至 2.10% 的"谷底"。

固定收益类理财产品收益率何时有望走出"低谷"？

普益标准发布的数据显示，截至 2023 年一季度末，全市场存续封闭式固定收益类理财产品的近 3 个月年化收益率的平均水平为 2.32%，环比上涨 1.59 个百分点；全市场存续开放式固定收益类理财产品（不含现金管理类产品）的近 3 个月年化收益率的平均水平为 1.79%，环比上涨 1.24 个百分点。2023 年以来，得益于 A 股市场的回暖，多数"固

定收益+"产品一改疲态，截至3月3日，以初始基金为统计口径，1
581只"固定收益+"产品中有1 530只实现正收益，占比达97%。

同时，银行理财产品也可分为开放式理财产品和封闭式理财产品。
表3-4显示：银行理财存续产品中，开放式理财产品存续规模达22.87
万亿元，占比82.71%，较2022年同期增加0.71个百分点；封闭式理
财产品存续规模为4.78万亿元，占全部理财产品存续规模的17.29%。
其中，现金管理类理财产品存续规模为8.76万亿元，较2023年年初下
降5.75%，占全部开放式理财产品存续规模的比例为38.30%。

表3-4 银行及理财公司理财产品存续情况 单位：万亿元

产品运作模式	银行机构	理财公司	合计
封闭式产品	1.22 （22.57%）	3.56 （15.99%）	4.78 （17.28%）
开放式产品	4.19 （77.43%）	18.68 （84.01%）	22.87 （82.71%）
其中：现金管理类产品	0.68 （16.23%）	8.08 （43.25%）	8.76 （38.30%）
合计	5.41	22.24	27.65

资料来源：银行业理财登记托管中心。

三、 理财产品营销理念及方法论升级的三个方面

对前文中"银行理财产品市场的最新变化"和"理财产品本身的
变化"两个相对宏观的数据进行解析后，我们会发现，理财产品的营销
面临更多新的挑战。对于营销理念和方法论，笔者建议在以下三个方面
做转型升级。

一是从客户营销到客户理财意识及认知的投资者教育方面。

上文讲到银行理财产品端已实现了净值化转型。但是在客户端，多

年来,"刚兑"和"预期收益等于到期收益"等意识已然根深蒂固。前两年债市和股市都处在震荡期,同业竞争、客户理财增值需求满足、客户拓展及维护、客户可能性的投诉预防等,都更考验银行营销人员在与客户沟通时做好投资者教育的能力。

多年来,客户对银行理财产品已经形成了兼顾安全、灵活和收益三性的认知。笔者认为,理财产品变化的时刻恰恰是提高投资者金融素养、引导客户理性投资的关键时刻。相关研究表明,加强投资者教育有助于降低客户的风险感知,提高其专业感知,增强其对银行理财经理的信任,从而有助于提高其投资满意度和忠诚度。

二是从单一产品到资产配置组合营销方面。

笔者前些年在某银行开展培训时,银行领导提到,现在的理财经理成了卖理财产品的理财经理。在"刚兑"的时代,营销人员几句话就可以讲清楚,客户也很好理解,只需要比较预期收益、期限即可。而现在的状况是,理财产品不再是"白菜产品",营销人员需要为新客户和理财产品持有客户更深入和全面地讲解何为真正的理财。银行理财产品的底层资产涵盖的存款、债券、权益类资产等本身就是一个产品组合,只是说产品期限和风险层级不一样。在此基础上,要实现从狭义单一的理财产品购买,到整体理财规划和资产配置的转变。

三是从粗放式营销到目标客群的精准营销方面。

很多营销人员将理财产品定位为存款与其他财富类产品的中间类产品,由于银行理财产品的种类非常丰富,涵盖了不同投资门槛、期限、风险等级,因此适合大部分的客户群体。也由于以往的"刚兑"的意识,在各类客户群体中形成的是"无差别营销"。而在当下,需要对理财产品进行更具体的划分,如开放式理财和不同期限的固定期限理财、保本型理财与非保本理财、固定收益类产品与"固定收益类+"产品、新客户理财产品与老客户理财产品、客群专享理财产品与大众类产品、私行理财与普通理财等。基于产品的细分，在不同层级、类型特征的目标客群中进行精准营销，呈现产品与客户的适配性，体现产品的功能、亮点、比较优势和客户利益。

四、 理财产品营销的几个重点场景

◇产品到期营销场景

◇活期存款账户升级营销场景

◇资金防流失营销场景

◇行外引存营销场景

◇资产配置顾问式营销场景

◇客户理财意识与投资者教育知识营销场景

◇客群专属理财（如新客、代发薪、私行客群专属理财产品）营销场景

◇厅堂智能化弹屏推荐营销场景

◇数智化管户精准营销活动场景

◇客户理财体验签约活动有礼营销场景

五、 理财产品营销实操案例分享

管户经理梳理 CRM 系统，向在他行理财产品到期的客户营销理财产品和存款业务，成功行外引存 100 万元。营销过程如下。

客户为管户经理所在行贵宾客户。通过沟通，管户经理了解到客户最近在他行的理财产品到期。管户经理在进一步了解了客户到期收益的基础上，通过对两行产品优势的比较，并进行从单一产品购买到整体理财规划的引导，积极邀约客户转至管户经理所在行来理财，以便更好地

做资金的整体规划及财富管理。由于管户经理和客户长期保持良好的关系，客户转入资金先办理活期理财100万元，并同时与管户经理预约做进一步整体资产配置诊断检视，后期定制化设计理财规划方案。

以下为管户经理对此案例的一些思考。

银行服务的核心是维护和加强客户关系，了解客户需求。在产品同质化现象愈加严重的今天，很多高净值的客户在乎的是从业人员的专业素养和其在业务办理过程当中的服务精神，所以银行要真正做到以客户为中心，从客户角度出发去帮助客户，从卖产品转变为提供专业性的整体解决方案。

在营销过程中，只要用心、细心、耐心地服务每位客户，就能发现和挖掘客户各种显性和隐形的投资需求，然后针对每位客户的需求，为客户的资产制订匹配的配置方案。

有一句话："人只能赚到认知以内的钱。"随着阅历的不断丰富，我们不难发现：认知层次是人与人之间最大的差距。而商业竞争，其实就是认知之争。营销，不能只是埋头做无效和低效的努力，而需要更宏观地、更具前瞻性地、更实际地分析问题和解决问题。

存款营销——如何营销"立行之本"的存款？

存款作为立行之本，仍然是各家银行最重要的指标之一。但随着金融形势的发展，金融产品越来越丰富，客户的金融选择也越来越多元化。受人民币理财产品、互联网金融理财产品、证券投资等的冲击，以及存款新规的发布、存款利率的不断下行，同业竞争越来越激烈，存款营销的难度越来越大，营销手段也越来越匮乏。

事实证明，光靠营销存款是远远不能把工作做好的，在新的形势下，我们需要转换思维、提升认知水平，学习新的存款营销理念和方法，只有这样才能在存款营销中更加从容高效。

接下来我们立足网点存量客户，从存款营销的重点客群（向谁营销）、存款营销的策略（拿什么营销存款）、存款营销的方法（存款营销的流程、方式方法等）三个维度进行分析。

一、存款营销的重点客群（向谁营销）

管户存款营销聚焦十大重点客群：

（1）定期、理财到期客群；

（2）大额活期客群（闲置及资金变动客户）；

（3）理财持有客群；

（4）定期储蓄型客群；

（5）临界提升客户及新晋级贵宾客户；

（6）贵宾流失客群；

（7）代发工资客群；

（8）个贷客群；

（9）私行客群；

（10）保险、国债产品持有客群。

二、 存款营销的策略（ 拿什么营销存款 ）

（一） 从单一价格竞争到综合实力竞争

笔者在很多国有银行、股份制商业银行进行存款营销课题调研时，收到的反馈往往都会谈到在内外部环境影响下，在和中小银行的存款竞争中，始终存在利率、营销配套资源等方面的竞争劣势，导致很多利益取向型客户及资金有明显的流失。很多网点在面对存款营销价格战、礼品战的时候，会感到困难和乏力。

在此，笔者首先要传递的理念就是，我们不能"就存款谈存款"，而需要实现从单一价格竞争到综合实力竞争的转变，"跳出存款营销存款"。

在此，笔者将网点营销综合实力总结为以下四个方面。

1. 抓优势产品

各大商业银行在市场竞争中，往往在产品上会存在差异化竞争，都会用各自的优势产品实现获客和吸引资金。比如：城商行、农商行、村镇银行在定期存款利率定价上有优势；国有银行在普惠贷款利率及公司业务批量上有获客优势；股份制商业银行在财富管理业务上有专业的组合配置优势；等等。

笔者将重点产品的营销方法归纳为"十步法"。

第一步，确定产品。网点每月确定不超过 2 项的重点产品：一项是上级行热销产品；一项是本网点弱项或者需要重点突破的产品。同时，要明确每日、每周、每月以及每人的营销目标。

第二步，学习产品。学习产品的知识及营销技巧。

第三步，营销演练。根据产品的特点设计不同的场景并让员工扮演不同的角色进行演练。

第四步，氛围营造。线上和线下氛围的营造。

第五步，厅堂推荐。1 号位和 2 号位推荐热销产品，3 号位推荐本网点弱项或者需要重点突破的产品，其余号位推荐其他产品，做到产品推荐不交叉。

第六步，商机管理。分析分群营销、外拓营销等渠道获取的客户信息，以及存量客户的需求，筛选目标客户。

第七步，邀约客户。运用短信、电话、微信等方式邀约目标客户。

第八步，实施销售。营销人员对现场到访和邀约到访的目标客户进行营销。

第九步，后期跟踪。无论是购买产品的客户，还是未购买产品的客户，都要对其进行回访，并做好后续跟进。

第十步，总结分析。每日统计，晨会通报；每月总结，评优奖先。

2. 抓客户管理

每个网点的周边资源禀赋及客群特征是不一样的。从存款营销角度看，其涉及的重点客群涵盖社区居民客群、市场商贸客群、企业主及职工客群、中老年客群等。可以通过聚焦重点客群，展开针对性的线上线下服务、营销、维护工作，针对不同客群提供适配性金融产品组合和非金融权益服务。

3. 抓主要渠道

一是公私联动批量获客及存款资金的代收、代付、代发渠道。

二是市场商贸客群的智能 POS、聚合支付及手机银行渠道。

三是社区物业、学校、医院、食堂等智慧场景平台渠道。

4. 抓客户活动

笔者将客户活动组织分为六步：定主题、立目标、邀客户、巧布置、妙营销、常推进。

（1）定主题

每场沙龙活动一定要有主题。在举办活动之前要先明确主题，主题可以以健康养生、亲子财商、欢庆节日、企业管理、投资理财等为主，然后邀请专业的老师进行分享，从而激发客户兴趣，提高客户的参与度，确保活动开展有效果。

（2）立目标

沙龙活动举办前要立目标。要明确是以客户关系递进和经营为主要目标，还是以客户财富管理理念培育或重点产品营销为目标；明确邀约多少客户到场、实现哪些产品的销售、哪些客户是主要目标客户、产品现场成交率、后期跟进率等目标。有了目标才能更有方向、更有针对性，才能为沙龙活动的举办奠定坚实基础。

（3）邀客户

首先要筛选参与活动的中高端客户，其次再根据活动主题确定最终受邀客户名单，最后进行客户邀约。客户邀约要遵循"731"法则。即活动开展前 7 天通过短信、微信或电话发出第一次邀约，活动开展前 3 天做好二次电话确认，活动开展前 1 天以短信或微信形式进行提醒，确保活动开展时客户的到场率。

（4）巧布置

在场地内悬挂条幅或 LED 灯屏彰显活动主题，用气球或其他烘托气氛的物品装扮现场，在醒目位置摆放奖品及宣传品，在客户区摆放水、零食、水果等，播放音乐或网点宣传片等待客户到齐，力求打造一个温馨舒适的沙龙环境。此外，还要将一些可以现场交易的机具摆放好以促成销售。

（5）妙营销

一场沙龙中，除了要与客户培养感情之外，还要对客户进行培育引导并开展产品营销工作。我们要依据受众群心理诉求、沙龙主题来选择销售的产品。同时要注意技巧，在活动中或中场休息时巧妙地、顺其自然地展示产品，把销售软性嵌入沙龙，让客户在不知不觉中接受产品销售信息，从而促成销售。

（6）常跟进

沙龙结束后一定要趁热打铁，通常沙龙结束后一周内是维护客户的最佳时机，可以在此时通过微信沟通感谢客户前来参加活动，并通过电话或上门方式对客户进行回访，从而进一步了解客户喜好和金融诉求。在此基础上对客户进行营销，这样可以在维系客户的同时达成营销目标。

（二）吸引客户比吸引资金更重要

银行存款营销中，经常会出现一个概念——行外"吸金"。如何让客户将在行外分布的资金转移过来，从而实现增存、留存、稳存？以往，我们往往会走入一个误区——只是盯着客户的资金，而忽略对客户的实质性关注。

我们需要回归到一个基本问题上来，那就是如何更好地吸引客户。

在存量客户维护和营销中，大量的存量客户管户工作处于无序、粗放或真空状态。那么，如何高效有序地盘活存量客户呢？笔者总结了五个步骤，如图 3-7 所示。

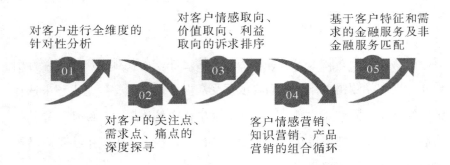

对客户进行全维度的针对性分析

对客户的关注点、需求点、痛点的深度探寻

对客户情感取向、价值取向、利益取向的诉求排序

客户情感营销、知识营销、产品营销的组合循环

基于客户特征和需求的金融服务及非金融服务匹配

图 3-7　存量客户盘活五步骤

　　何为"存量客户"？笔者的理解是只要在银行有银行卡（借记卡、信用卡、存折）的都应该视为存量客户，存量客户还会被分为无效客户、有效客户、低效客户、潜力客户、各层级各类型贵宾客户。而大部分银行网点是有庞大存量客户资源的，但与存量客户关系只是停留在简单的"业务关系"上，还未真正建立专属的、常态持续的、线上线下一体化的"服务关系"，也只与少量客户建立了"情感关系"。

　　重要的是，网点的第一营销阵地应该是对存量客户的关注，存款营销，盘活存量，必有增量！

四

经营管理

体验升级——如何做好服务创新及提升价值创造力?

银行作为服务行业,服务是立行之本,只有不断增强服务意识,转变服务观念,强化及创新服务措施,从服务质量、服务品牌、服务内容、服务态度、服务环境等方面入手,狠抓优质服务,形成"大服务"的格局,才能提高服务的整体水平。

下面,笔者从三个方面与大家探讨服务品牌创建的内涵和关键点,助力银行服务品牌核心竞争力的提升。

一是"如何优化服务"。

二是"如何服务客户"。

三是"如何强化协同合作"。

一、 如何优化服务

首先,我们要充分理解和认识服务的内涵,这是开展优质服务的内生动力。在这里,笔者和大家分享四个方面的浅见。

1. 服务是一种管理

服务水平的提高必须依赖于严格、规范、科学的管理,严格规范的管理又能促进服务水平的提高。服务的好坏体现着一家银行管理水平的高低。因此,在实施优质服务战略过程中应更加严格依靠管理制度。岗位规范、着装规范、仪表举止、电话用语等,这些都可以形成制度,成为员工应严格参照执行的行为准则。

中国光大银行在十多年前就提出并持续实施了"阳光服务精益管理计划",目标就是结合客户体验,借助专业化工具,对"阳光服务"的架构和内容进行深化、细化，逐步建立起网点分类、功能分区、人员分岗、客户分层、营销分级的合理化服务营销体系，并进一步优化业务流程，实现银行资源和客户资源高效对接，强力支撑电子银行、零售银行等业务，全面深化"阳光服务"品牌内涵，大力提升"阳光服务"品牌核心竞争力。

当前还有很多银行对网点服务方面的管理不够全面和精细，没有形成一套科学、系统的服务制度和规范化操作细则。"天下难事，必作于易；天下大事，必作于细。"这是老子《道德经》里的一句话，意思是说：天下所有的难事都是由简单的小事发展而来的，天下所有的大事都是从细微的小事做起来的。由此可见，一个人、一个团队要想成就一番事业，就得从简单的小事做起，从细节入手。银行服务也是如此，精细化的服务体系和服务管理机制有利于我们成就事业。

2. 服务是一种文化

服务不断优化的核心内容是确立和完善员工的服务意识和服务行为，树立客户第一、主动服务、整体服务、金融及非金融服务融合、线上线下一体化服务的新时代"大服务"观念。服务优化是一项长期的系统性工程，从领导到员工，从前台到后台，从经营业务到内部管理，从行里到行外，都要相互配合协调，使经营目标转化为人的自觉行动。

3. 服务是银行经营的载体，是银行经营不可缺少的有机组成部分

银行经营必须通过银行服务才能实现，银行服务本质上就是银行经营。在金融业竞争日趋激烈的今天，一家银行的服务范围、服务内容、服务效率、服务渠道和服务态度直接影响其所能吸引的客户数量和工作效率。因此，提高银行的服务水平，关系到银行经营的规模质量和效率，关系到银行的竞争能力，决定了银行的经营效益和长远发展。

4. 银行服务的核心是维护和加强与客户的关系

首先，如何持久地赢得市场是每一个企业永远需要面对的问题。银行要随时以客户为中心，调整自身，服务要从单纯经营金融产品转移到维护和加深与客户的关系上。仅仅重视满足客户的需求是不够的，还必须研究客户需求背后复杂的各种因素。只有紧紧抓住维护客户关系这一核心，基于移动互联网金融时代的背景，以市场为导向，以高质量、多样化、特色服务满足客户多层次需要，才能获得自身发展的持续动力。

"客户"的概念是"大客户"的概念，不仅银行直接服务的对象是客户，与银行服务有直接关系的部门，甚至银行的员工都应视同为客户。银行在处理与客户的关系上，应树立大市场、大客户的意识，秉持"服务是一个全过程"的理念，而不是止于某一个服务场景，其是贯穿客户多渠道、多场景及基于客户生命周期不断递进的持续的过程。要构建新型银客关系，对制约银客关系的因素进行协调管理，从而增强客户的稳定性。优质服务就是提升客户的满意度、忠诚度和贡献度。

其次，要强化和创新服务意识，这是优化服务的前提。

在服务创新方面，很多银行还有很大的提升空间。服务不是为了服务而服务，不是形式化的规范语言和动作标准，而是要切实提升客户的满意度，以服务为基础，赢得客户的信任和选择，形成服务的品牌形象、服务的竞争优势，形成由内而外的服务文化，并让服务产生生产力。精细化的服务强调分层和分类，而当前很多银行不同层级、不同类型的客群服务还未形成较为完整的、有针对性的服务体系，没有形成明显的服务优势和特色。

服务不是狭义上的规范服务语言和动作，不同层级和不同类型专享的金融服务和非金融服务体系创新打造，是下一步努力的重要方向。

从前，很多银行文优考核机制教条且单一，第三方机构根据考核细则逐一对照打分考核，缺少更为科学的评价机制，无法有效提升文优服务"内核"水平。今天，银行业的服务管理正在逐渐从被动转为主动，从"要我服务"转变成"我要服务"，从简单对照制度要求逐条满足规定的"形似"，到现在全过程、全方位服务的"形神兼备"。这也是我们需要继续努力的方向。

当前，很多银行员工的主动服务意识还有待强化。部分银行人员重视业务的合规性，忽视了服务的价值和作用，未体现发自内心的服务意识和理念。网点也没有形成良好的"以服务创造营销机会"的氛围。

我们都知道，最容易营销的是两类客户：一是有熟悉度和信任度的客户，我们和这类客户建立了开放式和接纳性沟通；二是有显性需求的客户，比如到网点直接咨询办理定期存款或投资理财的客户。要让营销变得更简单，就需要更多熟悉和信任的客户，通过主动沟通、探寻和引导了解和激发客户更多的隐性需求。

要让营销更简单，回归到原点，就要向客户展现出专业、职业以及具有亲和力的印象，与客户拉近距离，赢得客户的信任，从而更了解客户。

再次，加强培训辅导、提高业务技能、营造服务氛围是提高服务水平的基础。

一个人的习惯是很难改变的，不管是思维习惯，还是行为习惯，不管是个人的习惯，还是团队的习惯。服务习惯体现为服务的主动性、服务的规范性、服务的温度，以及主动识别客户、主动与客户沟通的意识。通过良好的沟通能够探寻客户的需求，从而有针对性地进行顾问式适配性产品组合营销。主动学习可以提升服务效率和营销效率。

最后，提高金融线上化水平，创新服务手段，完善服务功能，是提高服务质量的关键。

为适应企业、个人金融业务线上前移的大趋势，各家银行不断创新线上金融及非金融服务产品。当前和未来，银行的服务创新也要顺应银行业的智能化、数字化服务转型趋势，加快推进网点从单一的服销型向价值创造型升级，从而更大限度地激发网点效能。

二、 如何服务客户

下面，笔者来诠释五个岗位的服务职能。

一是网点负责人。网点负责人是网点的管理者与领导者。网点负责人对网点的管理围绕经营指标展开，通过运营管理、人员调配、网点营销、团队建设与客户管理等方式，保证网点良好运作，为客户提供优质的服务，不断提升网点服务质量与营销水平，从而吸引更多客户。

二是大堂经理。大堂经理是网点大堂的主要管理者，在营业大厅内承担迎宾接待、客户分流、业务咨询、销售推介等工作，同时也负责网点秩序管理和突发事件处理，是各服务分区之间的桥梁。大堂经理最先与客户有最直接的接触，这也决定了其是银行不可或缺的销售力量。大堂经理需要起到先锋作用，主动迎送客户，主动提供咨询引导服务，指导客户使用自助智能设备。同时，其可以每日常态化地在客户高峰期举办厅堂微沙龙活动，突出创新产品。大堂经理向等候区客户发放折页，或配合宣传展板讲解重点产品等，能够有效缓解客户等待的焦急情绪，同时还能提升客户对产品的认知度，加大服务效能和厅堂营销潜能，使服务文化内化于心、外化于行、固化于制。

三是理财经理。理财经理为客户提供理财咨询、顾问营销、售后跟进等专业服务，是银行的核心服务营销队伍，是拓展和维系客户的中坚力量。理财经理与其他员工共同完成客户识别、需求挖掘、引导分流及产品推介等工作，为客户提供的是更深层次的服务。比如基于客户的显性及隐形需求，通过沟通了解及探寻，匹配针对性的金融产品，为客户提供财富管理顾问式服务，为客户创造价值，并持续跟踪维护，定期开展客户服务活动等。

四是信贷客户经理。信贷客户经理是银行信贷业务的受理、拓展、协调、办理者，同时也承担着信贷业务的渠道开发、客户拓展等职责。信贷经理在信贷业务的办理中起着重要的管理与协调作用；同时，也需要在保证银行资产安全的前提下，提高客户综合服务营销水平和效率。

五是柜员岗位。网点柜台是客户接触银行的重要窗口，客户在柜台所接受的服务将直接决定客户对服务水平的感知。柜员主要负责处理日常交易业务，要做到服务热情、操作熟练、及时准确回答客户问题。客户对服务水平的感知不仅来源于网点服务环境、服务功能，更来自柜员的服务行为、业务能力以及所提供的各项增值服务。

各岗位在履行服务职能时，需要设身处地地为客户着想，想想各层级各类型客户最需要什么样的服务，有重点地推进目标客户资源挖掘，全面渗透银行服务品牌形象，有针对性地改进客户维护和拓展工作，夯实客户基础，从而推动提质扩户目标的实现。

三、 如何强化协同合作

前文提到，当前银行业在加大对网点智能化服务的转型，旨在提高客户服务体验和效率。但大量智能化设备与智能柜台的上线，尤其是以手机银行为主的线上渠道的快速发展，使大量需要人工办理的业务改为线上智能柜台进行办理。在此背景下，如何高效探寻、引导和激发客户的业务需求呢？这对厅堂人员结构及协调合作服务能力提出了更高的要求和更严峻的考验。

以中国银行的转型经验为例。2019 年，在智能化网点基本覆盖的基础上，中国银行决定在全辖智能化网点设置"客服经理"岗位，四位一体，替代网点高柜柜员、低柜柜员、智能柜台服务专员、大堂经理四个岗位，通过优化劳动组合、弹性排班、运营机制优化等措施，实现客服经理岗位序列的建设。客服经理这一融合性的岗位设置，以引导服务为主要职责，承担业务咨询、分流引导等服务及智能服务现场核验职责，并赋予柜面及智能柜台业务办理权限，围绕客户需求，提供及时、高效的贴身综合服务，极大提升了岗位的协同合作效率。

推动网点全员主动、高效协同合作的服务营销，是当前各行都在探讨及推广的课题，是改善厅堂服务、增强客户体验、提升网点营销业绩的重要举措。

厅堂是进行客户服务的重要场所，也是进行产品营销的主要阵地。比如，中国农业银行关于厅堂定位管理及高效协同的机制理念，就是要通过确定厅堂不同区域的服务人员及服务内容，来确保厅堂内每个区域的客户都能接受到相关的服务。各岗位各区域之间在分工的同时提高协同合作的效率，从而增强客户体验，提升网点服务效能。

各岗位在管理各自分区的基础上，协同其他岗位，共同完成识别转介、分流疏导、信息咨询、产品推介等服务。

从中国农业银行的厅堂服务管理经验中可以看出，要提升厅堂服务效能，就需要准确把握各岗位职能，并将专业知识、管理技能融会贯通，运用到网点的日常管理中；善于探寻并采纳新思维，结合网点自身环境及区位优势，选择适合网点的业务开展模式与服务特色；培养网点团队的合作精神，根据网点业务需要，领导团队分工合作，协同服务；真诚与人交往、沟通，对内凝聚员工，对外吸引客户；明确网点服务战略，优化网点服务流程，创新网点服务措施，为客户提供满意的、超值的、感动的服务，打造服务竞争力，让服务创造价值。

在当今银行业竞争日益激烈的大背景下，服务创新力和价值创造力的提升已成为银行赢得市场和客户的关键。优化服务不仅是提升客户体验的手段，更是一种文化和管理的体现，是银行经营的核心载体。银行服务的核心在于维护和加强与客户的关系，这要求银行从全方位、多角度出发，不断创新服务形式，提升服务效率，构建新型的银客关系。

银行各岗位员工应以客户为中心，发挥各自的专业职能，通过精细化管理和协同合作，实现服务的个性化和差异化，从而提升服务的品牌价值和市场竞争力。同时，银行还需加强员工培训，提高业务技能，营造良好的服务氛围，并通过智能化、数字化转型，创新服务手段，完善服务功能。

综上所述，银行服务的创新与提升是一个系统性、长期性的工作，需要银行上下一心，不断探索和实践。通过持续的努力，我们有理由相信，银行能够提供更加优质、高效、个性化的服务，赢得客户的选择和青睐，实现可持续发展。

营销系统——数智化时代，银行网点如何提升经营能力？

随着商业银行的竞争与日俱增，金融科技和市场深入变革，各大商业银行数智化转型正在加速推进。

银行各层级管理人员要应对各种业务转型与升级。

在数智化转型的背景下，如何有效制定营销战略？如何提升数智化时代协同经营能力？如何有效管理与执行营销行为？如何培养专业人才去匹配新的客户？如何顺应营销趋势？

这些都成为各家银行不得不面对的现实问题。

在某银行的客户经营数据中，我们注意到一个现象：虽然个人贵宾客户仅占全行客户的5.25%，但他们的数量达到了213万人。这一群体的存款余额在全行的个人存款余额中占据了71%的比例，并且在时点增量中贡献了高达91%的份额。这表明，尽管贵宾客户在客户总数中所占比例不大，但他们对银行的存款贡献极大。

面对庞大的客户资源和客户信息数据，在网点有限的人力和精力限制下，如何高效盘点和筛选分析有效的数据信息，数智化时代给出了新的解决方案。

数智化背景下的网点不再只是客户办理业务的场所，更是客户线上线下多重金融服务和非金融服务的链接点。网点营销工作也从厅堂服务营销、存量管户营销、外拓营销转型为融合式的立体化营销，线上线下联动、网点与周边生态联动的方式，推动了金融服务与非金融服务一体化的综合化营销格局的转变。

这对网点管理者和网点所有人员提出了新的挑战——如何提升数智

化时代协同经营能力，突破网点当前营销瓶颈，达到提质增效的目的，成为不得不面对的问题。

一、 网点如何对自身进行有效的定位和资源投入

网点定位是对现有网点业务功能、目标客户、管理模式定位再评定的过程。某银行将下辖网点分为"理财中心、综合型精品、理财型精品、综合型基础"四种模式，如表4-1所示。各类型网点在网点核心定位、目标客户群、功能定位与核心业务类型上具有自身的特色，能够适应网点所处区域客户需求与市场情况，强化网点的服务营销功能，提升产品分销能力，从而实现"网点分类、功能分区、业务分流、客户分层、产品分销"。

表4-1 某银行网点定位模型说明

定位类型	细分类	分类依据
1. 业务定位	对公网点	以公司业务为主
	公司兼顾	兼顾公司与个人业务
	对私网点	以个人业务为主
2. 客户定位	公司客户	以公司业务为主，服务公司客户
	中高端客户	兼顾公司与个人业务，或以个人业务为主，服务中高端客户
	低端客户	以个人业务，服务低端客户
3. 职能定位	对公服务	以公司客户服务为主
	营销性网点	以公司客户和中高端客户服务为主
	交易性网点	以低端客户服务为主

表4-1(续)

定位类型	细分类	分类依据
4. 网点定位	理财中心	以中高端客户为主的营销性网点,白金和钻石卡客户为服务重点
	理财性精品网点	以中高端客户为主的营销性网点,金卡客户为服务重点
	综合性精品网点	以公司客户为主的营销性网点
	基础网点	以低端客户服务的交易性网点

提升数智化时代协同经营能力,涉及网点的人员结构、岗位职能重新定义和分工、目标层级及类型客群、核心业务聚焦等。对这些进行具体分析,才能更好地协同推进。

二、 基于数智化系统的目标客户群体合理分类的方法

在数智化时代,各大银行上线的数智化客户管理系统和厅堂智能化客户识别系统,很好地支持了网点在客户分层分类营销及维护方面的实践,让网点对客群资源的盘点、筛选、分析、识别、提醒等工作更加高效。

客户分层分类管理的最终目的是更精准地了解客户需求,个性化服务客户,通过沟通让客户感受到银行是在为其着想,而不是银行在进行推销。

由于客户具有不同特征和需求,银行营销人员需要采取的沟通策略和营销方法也各有不同。对客户进行不同维度的划分,有利于精细化维护和针对性营销。比如按照客户层级划分,按照客户生命周期划分,以及按照客户风险承受能力划分等。只有了解了群体客户的需求特征,才能更加有针对性地实施营销计划和运用营销方法,并将合适的银行产品进行适配性推荐。而依托大数据等手段建立个性化的顾客沟通服务体

系，实现银行可度量的低成本扩张，就是高效的精准营销之道。

以下为客群分类参考。

（一）按照客户质量分类

（1）高端客户群体；

（2）高收入客户群体；

（3）中低收入客户群体。

（二）按照客户生命周期分类

（1）白领单身客户群体；

（2）成长期客户群体（刚结婚有子女）；

（3）成熟期客户群体（中年）；

（4）老年客户群体。

（三）按照客户风险承受能力分类

（1）高风险承受能力客户群体；

（2）一定风险承受能力客户群体（有经验和无经验）；

（3）低风险承受能力客户群体。

（四）按照客户职业类别分类

（1）企业高管（央企、民企、私企）；

（2）行政事业单位（企业、其他金融机构）；

（3）个体工商户；

（4）军人；

（5）学生。

（五）按照客户社群类别分类

（1）亲子社群；

（2）女士社群；

（3）教育社群；

（4）车友社群；

（5）老年社群；

（6）商友社群。

三、 有针对性的客群经营策略制定方法

第一，管户人员认领到客户后，需要了解该层级的客户数量、整体规模等基本情况。对该层级进行二次分层分析，将客户分为核心私行级客户、财富级客户、理财级客户、潜力客户等；对该层级进行二次分类分析，如分为熟悉或不熟悉客户群体、偏活期或定期储蓄型客群、个贷类客群、投资理财类客群、商贸客群、代发工资客群等。

为不同层级和类型客群，匹配相应的管户计划、目标、工具；再结合表单工具，对不同层级和类型管户群体实行精细化管理；对高价值、熟悉客户进行台账建设，为核心客户提供远超期望值的服务，为贵宾客户、熟悉客户提供主动服务，为一般客户提供基础服务。

以商贸城客群为例，这类客户通常是私营业主，具有上下游客户多、资金流动频率快、金融服务需求多样化的特点。对他们的需求分析显示，资金结算是他们最为关注的方面，需要快捷、安全、方便的结算方式，如手机银行等。同时，融资需求呈现阶段性、季节性特点，他们对融资效率和担保方式有较高要求，对个人经营性贷款等产品有一定需求。此外，由于资金沉淀较多，他们对短期理财和贵宾体验服务也表现出需求。

针对商贸城客群，银行可以提供一揽子金融服务套餐，包括打包渠道产品（如手机银行、网上银行、收款码、POS 机等）和方便快捷的信贷产品（如个人综合消费贷款、助业贷款等），以及商户收单、活期理财、市场 E 贷等服务。

第二，实施经营策略和保持管户工作有计划地推进。如在客户关系建立和递进上，先通过短信建立联系，再加微信跟进或电话沟通，定期与客户保持联系。对一般客户实施周期性的短信、电话覆盖，对核心客户实施一人一档精细化管理，对熟悉客户进行客户转介管理，对基础贵宾客户进行分类批量维护管理，且必须在管户中补充完善客户信息、进行台账建设，为客观、准确的营销提供支持。在产品营销方面，重点关注产品到期、临界提升、资产变化、收益动态等短周期营销机会，制订客户营销台账、计划，每月盘点，每周跟进，保证灵活性、即时性。

四、 新时代新型客户关系构建与营销模式

有部分银行在全面推广全员管户和数智化精准营销模式，主要围绕客户经理队伍建设和业务联动营销两大主题，"赢在厅堂"与"赢在线上"并重，以客户经理队伍建设到位、管户关系理顺到位、零售业务联动到位、资产配置运用到位为目标，构建线上线下一体化客户营销服务体系和数智化、场景化营销体系，切实提升网点产能，提高市场竞争力。

在上述推动策略中，管户关系理顺到位是核心。新时代呈现出新型的客户关系构建和营销模式，需要网点以数智化经营的手段（数智化客户管理及营销模式：基于传统的客户经理与贵宾客户管户的关系，运用大数据及人工智能技术，把产品经理、数据分析师在后台发起的重点营销活动及自动化运作模型，经过后台智能筛选判断，推送到目标客户经理的手机，实现银客双方直接线上互动、一键购买、业绩反馈及实时激励的全流程闭环客户维护及营销）去营销客户和提升客户黏性。

下面分享一个通过数智化营销他行资金理财 68 万元的案例。营销过程如下。

客户经理通过数智化系统发现客户刘某活期账户资金有一个月未动账，随即电话联系客户，建立专属服务关系，并了解客户闲置资金情况，探寻客户需求。客户表示自己的资金灵活性很大，一直也找不到合适的理财产品。根据这种情况，客户经理向客户介绍了某活期理财产品，着重介绍其兼顾流动性和收益性，客户很感兴趣。客户经理随即通过线上管户平台，向客户推送产品链接，客户在客户经理的指导下通过手机银行远程直接办理，成功购买活期理财产品34万元。随后客户又从他行转来34万元再次购买。客户对客户经理的贴心服务表示认可并高度赞扬。

以下为管户经理对此案例的一些思考：

◇始于用户需求，终于用户满意。

◇贴心及时的服务、诚心利他的交流。

◇发现、探寻、引导客户需求，提前了解产品细节，为合适的客户提供合适的产品。

最后，让我们回到营销最基本的问题——客户究竟要什么？

总结大量营销实践经验发现，表面上看，银行客户与营销人员之间最大的障碍看是缺乏信任，但本质上是市场信息、客户需求和金融产品等信息之间的高度不对称。客户首先需要的不是产品，而是被关心、被解疑、被启发。在这个过程中，在"合适的时间"以"恰当的方式"向客户传递"有用的信息"是营销工作有效的关键。而这就是网点数智化时代协同经营的赋能。

在这个新时代，网点经营更多围绕客户经营展开，而客户经营的主力军是管户营销人员，主战场是数智化系统，客户的维护营销效率和效果是经营业绩的主要影响因素。作为银行"最后一公里"的经营者，要尽快从"流量思维"转向"存量思维"，进而升级为"数智化思维"。

金融生态——如何构建真正意义上的网点金融生态圈?

随着移动互联网及金融科技的发展,客户的金融消费习惯发生了巨大变化,客户对金融服务的需求日益综合化、场景化、线上化、生态化,银行实体网点这一传统的金融服务渠道,面临着前所未有的挑战。

2018 年,著名银行家布莱特·金(Brett King)出版了《银行4.0》(*BANK* 4.0)一书,书的封面上写着"金融无处不在,就是不在银行"(Banking Everywhere,Never at a Bank)。这句话仍然是对银行当前和未来发展的最好注脚。

在银行网点数量整体缩减的趋势背景下,实体网点会不会走向消亡呢?

下面,我们来聊一聊在新趋势背景下,数智化转型升级下银行网点的全新定位,即交易中心向营销中心、体验中心、资源整合和服务平台转变。很久以来,行业一直在讨论未来的实体网点是不是会大量关闭,这取决于一个实体网点提供给客户什么样的价值。笔者的观点是,实体网点会被替代,其价值需要重塑。

银行业作为数智化发展的先行者,在数智化转型实践中坚持以金融科技为主引擎,以智能移动终端领域为主渠道,以场景化金融生态为主阵地,以丰富和提升客户体验为主路径,以建立敏捷化组织为主轴,持续推进模式创新与体制机制变革。

生态化(ecologization)是数智化时代银行的发展趋势之一。银行业致力于推进金融服务线上线下一体化和跨界生态融合共建,打造精准布局、链式赋能、协同运营的新型生态银行,激活金融服务"内生态",

畅通跨界融合"外生态"，构筑数字生活新图景，让数智化转型成果更广泛地惠及社会民生。银行业在数智化转型过程中，在实现金融服务的场景输出时，通过将数智化转型应用向产业链上下游、生产的前后端等各环节拓展，重塑产业布局，发现新的产业机遇和增长点，打造优势互补、开放共赢、合作共享的金融生态圈，构建银政企数字共同体，形成强大合力①。

未来银行网点在如图4-1所示的四个方向上是可以着力强化的。

四个方向

以数智化网点树立品牌，增强客户信任

以数智化网点为媒介，为线上引流

以数智化网点做平台，为客群提供非金融服务

以数智化网点为阵地，提升客户服务体验

交易中心向营销中心、体验中心的转变

图4-1 未来银行网点发展四个方向

一是以数智化网点树立品牌，增强客户信任。数智化网点要以各种智能科技设备和线上平台为载体，强化网点专业服务能力的客户感知，树立银行品牌形象，将网点定位为金融风险防范、客户金融产品认知和理念提升的培育基地，传播"怕风险，到银行"的理念和印象标签。将银行营销人员打造成为客户心中的避风港湾，在风险冲突中，锁定客户服务营销机会，提升客户信任度和忠诚度。

① 参见中国工商银行股份有限公司与中国信息通信研究院联合发布的《银行业数字化转型白皮书（2023）》。

二是以数智化网点为媒介，为线上引流。线上线下一体化营销的时代已经到来，获客、服务、营销、维护等全流程、多渠道与客户交互，摒除以往单一线下为主的模式，是数智化网点必然的选择，比如线上银行 App、线上引流活动、网点微信公众号平台的搭建、线上直播知识营销、社群经营和传播等方式。

三是以数智化网点做平台，为客群提供非金融服务。实体网点在数智化转型过程中，要以客户需求为中心，包含客户的金融需求和非金融需求。如图 4-2 所示，构建网点生态融合圈，充分利用网点资源构建线上线下综合服务平台，打造银商联盟，进行跨界合作。用非金融服务作为引流与维系常态的抓手，为客户提供各种增值服务和分层分类权益，探索消费优惠商城平台、主题银行建设等，开展目标客群主题活动，打造一个有温度的体验中心。比如，兴业银行的京津冀旅游卡、上海农商行和贵州银行的工会联盟商户优惠卡，以及招商银行搭建的咖啡银行、中信银行企业家俱乐部等，还有部分银行在探索"线上线下融合生态圈"平台的建设。

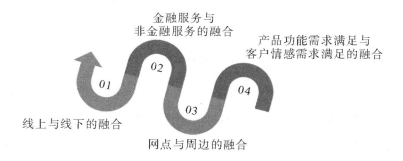

图 4-2　网点生态融合圈建设

　　四是以数智化网点为阵地，提升客户服务体验。服务体验这个概念听起来有点抽象，简单直观地说，就是以实体网点为阵地，在线上或线下，在网点或周边商家、企业、学校、广场等各个地方，开展与重点目标客群特征或兴趣相关联的，从情感关怀或娱乐维度到增值服务维度、金融知识培育维度等丰富的、持续的服务交互或活动。比如户外郊游、露天公益电影、亲子财商沙龙活动，以及基于手机银行或微信平台的一对一专属客户经理服务等。

　　不同网点的周边资源禀赋会不一样。一般而言，我们会将网点分为社区型、商务型、商圈型、商贸型、园区型、乡镇型等。而不管什么类型的网点，都需要从以下四个方面重建网点营销模式，如图4-3所示。

厅堂营销与片区开发相结合

到访激发与存量盘活相结合

产品覆盖与情感关系相结合

线下营销与线上互动相结合

图4-3　网点营销模式的重构

　　一是厅堂营销与片区开发相结合。在转型为智能化厅堂后，更要强调网点厅堂的关键营销场景及岗位分工的高效联动，并注重服务营销流程中的"情感和服务体验为先、适配性产品推荐为后"的原则，要通过高效的沟通识别探寻引导客户的需求，提供个性化和综合化的解决方案。而且要做到与片区开发相结合，走出去，引进来，实现厅堂与周边的生态化融合。

二是到访激发与存量盘活相结合。

1. 到访客户兴趣激发与服务体验提升

随着时代的发展，客户对银行网点的期望已经不仅仅局限于基本的业务办理和产品推销。因此，我们致力于通过以下几种方式激发到访客户的兴趣和需求：

◇科技感官体验：利用先进的技术为客户提供更加丰富和直观的服务体验；

◇情感与服务体验：通过提供高质量的服务，建立情感联系，增强客户的满意度和忠诚度；

◇专业沟通：通过专业的沟通技巧，更好地理解客户需求，为其提供个性化的解决方案。

2. 存量客户盘活与价值提升

面对到店客户数量的减少和新客户资源的限制，我们意识到激活和利用多年累积的存量客户资源至关重要。为此，我们采取以下措施：

◇精细化管理：对客户进行细致的分类和管理，以更好地满足不同客户群体的需求；

◇建立专属服务关系：与客户建立一对一的服务关系，提供定制化服务，增强客户的归属感；

◇金融与非金融服务沟通：通过金融和非金融服务的沟通，逐步赢得客户的信任，并强化产品覆盖，从而锁定客户并提升其价值。

这种双管齐下的策略旨在提升客户体验，同时激活和提升存量客户的价值，以应对当前市场环境的挑战。

三是产品覆盖与情感关系相结合。产品的覆盖是从客户的生命周期持续服务营销的角度、客户多元化需求的角度，以及家庭财富管理资产配置的角度不断提升产品的渗透率。同时要打造新时代有温度的银行，与客户做业务也做朋友，伴随和助力客户成长。

四是线上互动与线下营销相结合。实体网点不再是单一的交互渠道，而需要线上线下有机结合。简单产品可能更多转向线上渠道，复杂的股票型基金、保险、家族信托、公司客户综合金融服务方案等业务还是需要依托线下的充分交流沟通。同时，线上的情感关怀、知识分享也替代不了线下活动、面对面交流产生的温度和信任。

基于上述对实体网点经营模式升级的解析，笔者选取三类网点做针对性营销分析。

一、 社区型网点

社区人员集中，客户金融需求丰富，且很多高端社区聚集了一定数量的高净值客户，是各大银行竞相争夺的"香饽饽"。因此，很多银行，特别是之前侧重于大企业、大客户的大型银行，试图介入小银行的传统领地，拓展社区服务。

近十年，"社区银行"风靡一时。社区银行设立的政策从严到宽，各股份制商业银行及城商行的社区金融服务中心、社区金融便民店、社区金融服务站等纷纷涌现，社区银行正悄然走进百姓生活。在各商业银行高速发展的同时，入驻社区摆摊推销信用卡，在网点门口卖力吆喝存款产品、理财产品，组织社区沙龙活动等，成了许多社区银行的主流发展方式。这似乎与预期的发展模式有些出入。那么，我们应该如何改善当下社区银行或社区型网点的发展模式？如何将智能化、社区化和差异化融入社区银行网点实践呢？

虽然社区银行在中国才刚刚起步，但在西方国家，社区银行早已成为一种成功的银行经营模式，能够很好地满足中小企业、居民家庭的资金需求。

以下为××银行与××社区"共创共建幸福社区"的合作建议。

（一）合作模式创新

立足社区居民、业主委员会、社区物业、社区商业，聚焦服务及合作对象，深耕细作，是该行深耕社区金融服务的一项特殊使命。

做社区居民的好帮手，重点关注社区居民的专属金融服务和增值服务。

做社区业主委员会和物业的好助手，深度双赢合作，助力社区金融智能化、数字化建设，丰富居民文化活动生活。

做社区商业的好伙伴，并通过商户联盟为社区居民提供优惠服务。

在合作初期，开展社区问卷调查和社区居民座谈会摸底，充分了解了社区居民金融及非金融需求，经过详细规划，形成针对性的服务方式。

（二）金融服务创新

针对××社区中老年客户、企业职工、商贸商户等不同类型居民的特征，构建个性化、专业化社区金融产品体系，满足社区居民的便捷金融服务需求、家庭财富保值增值理财需求、信贷及消费开支资金需求等多样化的产品需求。

拟打造社区普惠金融"一站式·一家亲"服务平台。

通过丰富的社区活动、良好的社区服务、针对性的专业金融服务，与业主委员会、物业及周边商业深度合作，实现"一家亲"的社区银行打造。

（三）社区活动创新

以共建活动室、金融普惠知识分享进社区、共庆节日主题活动、商户联盟优惠活动、品质生活沙龙活动、每月社区便民金融服务日等方式（见表4-2），切实推进"共创共建幸福社区"目标的实现。

表 4-2 "共创共建幸福社区"主题系列活动规划表（拟）

序号	活动时间	活动主题	场地
1		共创共建合作单位揭牌庆祝仪式；金融知识及服务进社区活动	社区活动室
2		腊八节健康养生沙龙及送腊八粥活动；到店办理制定业务送腊八粥制作原材料；社区广场"福到、粥到"送温暖活动	银行贵宾区社区广场
3		喜迎春节"送对联、写对联"活动，邀请书法名家、社区书法爱好者一起挥墨	银行贵宾区社区活动室
4		"阖家乐"元宵节猜灯谜、吃元宵活动	银行贵宾区
5		亲子财商沙龙活动	银行贵宾区社区活动室
6		社区贵宾客户户外踏青活动	户外公园
7		母亲节花艺 DIY 主题沙龙活动	银行贵宾区

二、 乡镇型网点

近年来，受利率市场化加快推进、居民投资渠道增多、同业竞争日益激烈和互联网金融理财产品多样等因素影响，储蓄存款竞争力在银行市区网点之间、乡镇网点之间、市区与乡镇网点间的差异明显。

笔者聚焦乡镇网点，对乡镇网点储蓄存款竞争力的差异表现进行梳理，并提出相关建议。

（一）乡镇网点营销主要客群分析

要重点分析营销目标客群，围绕重点客群开展针对性的客群拓展、维护、挖潜等工作。

乡镇储蓄存款目标客群以下面五个类型为主。

1. 农产业客群

◇存款流动性不大，重点宣传定期存款优势产品及活动礼品；

◇以乡村振兴营销为抓手做好逐户建档及营销工作。

2. 农产业商贸客群

◇存款流动性大，重点宣传活期账户升级签约；

◇以老客户介绍新客户、系统筛选分析邀约、存贷联动等为着力点开展营销工作。

3. 本地企业及商户客群

◇企业及大商户存款流动性大，重点宣传活期账户升级签约；

◇小商户存款流动性不大，重点宣传定期存款优势产品及活动礼品；

◇以定期开展企业及商户走访活动为营销抓手，进行产品综合营销及存贷联动营销。

4. 本地行政事业单位职工

◇存款流动性不大，重点宣传定期存款优势产品及活动礼品；

◇以定期开展单位走访活动为营销抓手，进行存贷、理财等产品综合营销。

5. 外出务工客群

◇闲置存款流动性不大，重点宣传定期存款优势产品及活动礼品；

◇以乡村振兴微信交流群、外出务工人员建档后电话及微信营销、厅堂及户外广告为主进行营销。

（二）乡镇网点营销渠道分析

乡镇富裕程度存在一定的差异，不同乡镇网点间业务发展也有别，这和各网点区域经济环境有关。需要重点关注主观性工作带动市场份额提升工作。笔者主要从以下几个重点营销渠道进行分析。

1. 外拓营销渠道

在开展乡村振兴外拓营销工作的大背景下，需要进一步加大客群拓展下沉渗透的力度，重点进行以下几个方面的外拓营销工作：

乡村户外广告布放（在村口或村民集中地，以墙体广告或金融知识宣传展架等方式投放低成本的户外广告）；

乡村优质客户拓展、存贷联动（以专项惠农贷款产品重点覆盖乡村优质客户，同时以存款优势产品以及后续授信存款关联度做存贷联动营销）；

微信交流群营销模式（以村为单位，建立乡村振兴金融服务交流群，进行日常和专项的情感营销、产品营销和知识营销）；

外出务工群体批量对接（根据外出务工客群名单，着力进行活动营销、微信营销或电话营销），建议可根据实际情况加大渗透力度，开展相关专项工作；

本地企业及商户客群及本地行政事业单位定期外拓走访，进行专项产品组合综合营销。

2. 厅堂营销渠道

弥补网点厅堂存款营销缺失的重点要素：

宣传陈列（厅堂展架、荧光板、宣传单页的设计及布放）；

单页发放（强化大堂经理及柜员的主题营销产品单页发放意识）；

存款营销开口率（强化存款优势产品签约量及金额的考核力度）；

存款积分兑换礼品营销活动。

3. 存量客户线上维护及营销渠道

目前，很多银行网点基于 CRM 系统进行的存量客户维护及营销，主要涉及熟悉客户、大客户，大量存量陌生客户未被有效维护和挖潜。客户流失、资金流失、客户黏性不强、行外潜力挖掘不足、主交易银行关系黏性不够等问题日益凸显。

那么，如何基于 CRM 系统进行重点存款营销目标客群的筛选分析？如何高效有序地开展维护、盘活、挖潜、转化、邀约、营销等工作？

要重点常态化关注以下客群，并进行潜力挖掘工作：

◇对大额活期闲置资金客户、活期资金高频交易客户、代发工资客户、个贷客户、投资理财客户、定期储蓄型客户等客群进行活期账户升级邀约，以此方式稳存和拓展客户增量资金、行外存款；

◇对定期、理财、国债、保险到期客户进行资金对接、转化及他行资金挖潜。

三、 商贸型网点

（一）商户拓展营销态势分析及创新思路

1. 商户拓展营销态势分析

随着城镇化的快速推进，居民的消费模式变得日益多元化，城市商业结构和等级也随之改变。特别是大型一站式购物中心的兴起，极大地推动了商圈的快速发展。如今，城镇商圈已经形成多中心、多层级、网格化的布局模式，这不仅涵盖了乡镇集市、街道商圈，还包括了城市综合体和专业市场，它们共同构成了商圈的基本形态。

这种多元化的商业布局成为推动地方经济发展的重要支柱，为当地经济注入了活力。同时，也为银行业务的拓展提供了巨大的潜力市场。银行可以利用这一趋势，通过创新金融产品和服务，以满足不同商圈和消费者群体的需求，从而在促进地方经济繁荣的同时，实现自身业务的增长和扩张。

2. 商户拓展营销遇困局

在当前的商业环境中，商户拓展面临着一系列挑战，这些挑战不仅复杂而且相互关联，对银行业务的发展构成了不小的阻碍。

首先，商圈营销市场的变化迅猛，客户的需求和市场的竞争格局都在快速演变，这要求银行必须具备高度的灵活性和应变能力。

其次，员工在开展营销工作时面临着重重困难，他们可能缺乏明确的目标、成熟的营销工具或是感到疲惫和抵触。

再次，银行本身也面临着多重营销难题。比如：如何有效吸引客户、提高营销效率，以及在激烈的市场竞争中找到新的突破口等。

最后，商户对于传统营销手段的抵触情绪也在增加，他们可能因为经营繁忙而对推销活动感到烦恼，或者对市场上的同质化服务而感到麻木。具体的营销困局分析见表4-3。

在这样的背景下，银行需要采取创新的策略和方法，以应对这些挑战，寻找新的营销路径，提升和增强商户拓展的效率和效果。接下来，笔者将深入分析具体的应对策略，探讨如何找到破局之道。

表4-3 营销商户拓展营销困局分析

序号	困局	分析
1	商圈营销市场变化巨大	·商圈发展快，金融需求变化大
		·商圈客户金融需求更加多样化
		·市场竞争环境、服务要求变化大
2	员工无法轻松开展营销工作	·员工"茫"着干，营销目的不清晰
		·员工"盲"着干，方法工具不成熟
		·员工"忙"着干，疲惫抵触
3	银行面对多重营销难题	·一天3批人轮番轰炸，毫无成效
		·一桌9码，人走码撤，毫无办法
		·面对红海束手无策，没有新"打法"
		·员工没动力，怎样激励都不行
4	商户对营销很抵触	·经营繁忙，对推销很反感
		·同质化服务让商户麻木
		·产品无法满足商户金融需求

3. 新时代商户拓展营销的创新性

在新时代的商业环境中，商户拓展营销正经历着一场深刻的变革。传统的以产品为中心、通过物理网点辐射周边的粗暴推广方式，已经逐渐让位于更加注重价值共同体构建和情感匹配的营销策略。这种转变体现在，营销的核心已从单一的产品功能服务转向更加强调情感匹配和客情强化，从而建立起更加稳固的客户关系。

同时，营销渠道和方式也在发生变化。过去主要依赖传统外拓手段的模式，现在正向线上与线下一体化的营销运营模式转变；物理网点的作用逐渐弱化，而营销活动更多地融入具体场景，社群的作用因而变得更加突出。这种创新性的营销策略不仅能够更精准地满足商户的金融需求，还能够使商户与银行建立起更为紧密的合作关系。

表4-4详细展示了传统拓街扫街模式与新时代商圈营销模式的具体对比，进一步揭示了营销创新性的核心要素和实施路径。

表4-4　新时代商圈营销创新性体现

	传统拓街扫街模式	新时代商圈营销模式
核心产品	以产品营销为核心，粗暴推广	以价值营销为核心，注重价值共同体构建
	注重产品功能服务	强调情感匹配，注重客情强化
渠道方式	以物理网点为中心，周边辐射	物理网点弱化，营销融入场景，社群作用突出
	传统外拓手段为主	线上线下一体化营销运营

（二）商户拓展营销"六部曲"

1. 网点商户拓展营销"六部曲"之客户分析

客户分析包括寻找客户、收集客户资料、判断销售机会三个方面的内容，如表4-5所示。

表 4-5　客户分析之三方面

序号	内容	分析
1	寻找客户	寻找客户的范围包括专业市场商贸城、沿街商铺、商场等
2	收集客户资料	收集客户资料包括收集名称、地址、联系方式等；经营范围、年营业额、员工人数；开户行、是否有 POS 机、同业竞争渗入情况
3	判断销售机会	判断营销机会包括了解客户对存款、理财产品有无兴趣，对信用卡产品是否感兴趣，有无 POS 机、二维码需求，有无信贷需求等

2. 网点商户拓展营销"六部曲"之建立信任

信任关系的建立分为四个阶段，如表 4-6 所示。

表 4-6　客户信任建立的四个阶段

阶段	内容
第一阶段	认识并取得好感。如与客户聊彼此感兴趣的话题，通过专业形象取得客户好感，言谈举止礼貌等
第二阶段	激发客户兴趣，产生互动
第三阶段	建立信赖，获得客户支持和承诺
第四阶段	建立同盟，获得客户协助

3. 网点商户拓展营销"六部曲"之挖掘需求

挖掘需求主要包括以下几方面。

挖掘客户的隐性需求：帮助客户认识到潜在的问题及其严重性，使之提出自身需求。

挖掘客户的显性需求：帮助客户解决当前问题，以及帮助客户实现收益最大化。

收款结算需求：着重体现便捷结算服务和优惠政策支持。对接产品 POS 机（激励金政策宣传）、聚合收款码、资金归集（总店及分支点快捷归集，便于每日清算）。

转账便捷需求：商户资金转账上下游需求，大额资金转账使用及维护、到店优待，提高效率，商户贵宾客户差异化服务。对接产品网银、手机银行、贵宾卡柜台优先排号。

融资需求：商户生意周转、资金链保持、扩大经营等。结合经营贷、消费分期、个人信用贷、商户快 e 贷等贷款政策，为客户排忧解难。

流动资金收益、灵活兼顾的需求：流动资金享受他行没有的贵宾优惠，利息更高。对接通知存款活期升级，提高活期存款利率 4～6 倍，活期理财灵活、便捷，收益可观。

投资升值的需求：闲置资金投资，钱生钱，追求高收益，风险承受能力较强。对接理财产品、大额基金定投、基金、保险、贵金属等产品组合。

4. 网点商户拓展营销"六部曲"之呈现价值

在商户拓展营销的过程中，银行需要通过有效的沟通技巧来呈现自身的产品价值。表 4-7 详细描述了"呈现价值"阶段，该阶段包括差异化分析、客户需求导向的服务方案制订、同业竞争策略与市场渗透行动计划的结合，以及运用顾问式销售技巧来有效展示产品的价值。

表 4-7　商户客户沟通之价值呈现

阶段	内容
第一阶段	通过差异化分析找到产品的优势和劣势
第二阶段	制作以客户需求为导向的服务方案
第三阶段	结合客户需求，制订并实施同业竞争策略和市场渗透的行动计划
第四阶段	使用顾问式销售技巧呈现价值

5. 网点商户拓展营销"六部曲"之赢取承诺

在成功呈现价值之后，银行需要进一步采取措施来赢取客户的承诺，这是商户拓展营销"六部曲"中的一个关键环节。表4-8展示了"赢取承诺"阶段的策略，包括识别客户的购买信号、通过"异业联盟"合作帮助客户实现盈利、采取有效的销售方法促成交易，以及推荐附属产品进行增值销售，从而提高整体收益。这些策略的实施对于建立客户信任、增强客户黏性以及提升银行的营销成效至关重要。

表4-8　商户客户沟通之赢取承诺

阶段	内容
第一阶段	通过客户提问，识别客户购买信号
第二阶段	通过"异业联盟"合作帮助客户实现盈利
第三阶段	采取选择法、促销法或直接建议法等方法促成交易
第四阶段	向客户推荐附属的产品进行增值销售，提高收益

6. 网点商户拓展营销"六部曲"之跟进服务

一是提升满意度。

提升客户满意度是保留客户的基础，只有消除客户不满意的隐患，才能保持最基本的客户满意度。

二是争取客户转推荐。

介绍理财产品的收益性，请对此产品满意的客户推荐其他潜在客户。

三是转介绍销售。

向老客户推荐的新客户进行营销，逐步在自己的客户圈中形成良好的口碑。

在深入分析了银行网点在数智化转型浪潮中所面临的挑战与机遇之后，我们可以清晰地看到，尽管传统实体网点的功能受到了新兴金融科技的冲击，但它们并没有走向消亡，而是在不断地进化和重塑。银行网点作为连接客户与银行服务的重要桥梁，正在通过构建真正意义上的金融生态圈，实现其功能的多元化和价值的再创造。

随着移动互联网和金融科技的持续进步，银行网点正在从单一的交易中心转变为集营销、体验、资源整合与服务为一体的综合性平台。它们正逐渐成为金融风险防范的教育基地、客户金融产品认知提升的培育中心，以及线上线下一体化营销的前沿阵地。通过数智化转型，银行网点不仅提升了自身的服务能力，也为客户提供了更加丰富和便捷的金融服务体验。

此外，银行网点在构建金融生态圈的过程中，通过与社区、商户、企业等多方的深度合作，实现了资源共享和互利共赢，进一步增强了其在地方经济中的重要作用。无论是社区型网点的"共创共建幸福社区"活动，还是乡镇型网点针对不同客群的精准营销，抑或是商贸型网点的商户拓展创新，都体现了银行网点在新时代的创新思维和服务模式。

总之，银行网点的未来不是消失，而是以一种全新的形态和服务方式，继续在金融服务领域发挥其不可替代的作用。通过不断地创新和转型，银行网点将能够更好地满足客户的多元化需求，为银行的可持续发展注入新的活力，同时也为社会经济的繁荣贡献力量。让我们期待银行网点在金融生态圈构建中的更多精彩表现，共同迎接一个更加便捷、智能、有温度的金融服务新时代。

承上启下——网点绩效管理的
"最后一公里"如何落地实施？

所谓企业管理，最终是人力资源管理。而人力资源管理的重中之重是绩效管理！

管理者要做的是激发和释放人本身固有的潜能。这就是管理的本质。

——彼得·德鲁克

在过往的很多银行咨询培训项目中，笔者发现一个突出的问题："总行→一级分行→二级分行→一级支行→二级支行"各层级从上至下的绩效管理机制建设往往是相对健全的，而整个链条上的"最后一公里"——"网点地（二级支行）→各岗位员工"的绩效管理机制建设却存在较为明显的缺失，直接的影响就是上级行的绩效传导不彻底、不明晰。

许多网点在做重点指标业绩时，通常都是网点负责人及网点中的某几个"明星"员工拥有"资源"，他们利用个人资源做业绩提升，而非对网点资源进行有效的经营和管理。从上级行层面来说，网点业绩仅靠个别人支撑就好比堆砌在沙滩上的城堡，当人员流动、市场环境变化这样的"潮水"涌过来，城堡就会坍塌。

真正的"网点的持续发展能力"一定是建立在网点常态化、精细化、系统化管理之上的。在网点整体发展战略实施过程中有很多经营管理的环节，比如经营策略的制定、组织及岗位架构的设计、岗位职责梳理与履职、目标管理与过程管理、绩效管理机制及全流程的实施、前后台业务流程的搭建和推进、团队文化建设等方面。

当我们把上述各管理模块进行逻辑关系链接的时候，就会发现，"绩效管理"这个模块成了承上启下的核心点。

我们以终为始来思考，组织整体绩效目标的实现肯定是网点最重要的价值，这首先就需要让各岗位员工的个人目标与组织目标形成统一，这是前提，也是保障。如图4-4所示，我们需要将"绩效管理"培育为组织的统一语言。

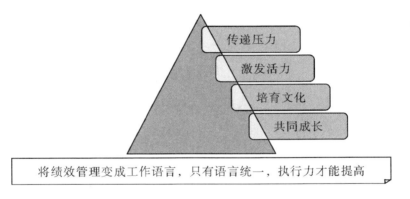

将绩效管理变成工作语言，只有语言统一，执行力才能提高

图4-4　培育"绩效管理"为组织统一语言

在整体统一的目标上，再将整体目标分解到各岗位，这里就涉及岗位结构的优化和岗位职责的明晰梳理。再以岗位角色为出发点（做什么，考什么，直接关联岗位和职责的重新定位），制订综合绩效管理方案，并推进全流程（绩效目标设定、绩效计划与沟通、绩效辅导与沟通、绩效统计与考核、绩效结果评估与运用）（见图4-5）。整个流程贯穿网点管理的各个方面——内外经营策略和措施的落地推行、岗位履职执行力和能力的提升、网点团队与岗位员工绩效目标的达成、网点团队积极氛围与统一文化的呈现。

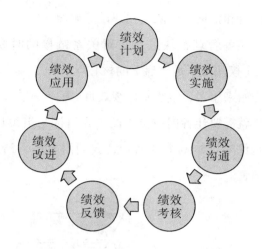

图 4-5　绩效管理全流程

在笔者看来，网点负责人是否将绩效管理贯穿日常工作始终，是体现其职能是否从"营销职能"向"管理职能"转型升级的最重要标尺之一，以此方式最终实现管理效能化。

笔者也相信，很多网点负责人是可以在这个观点上达成共识的，但困扰的是该如何有效设计和使网点综合绩效管理方案落地。

为什么绩效管理的"最后一公里"这么难落地呢？笔者经常会听到很多网点负责人反馈的各种原因。比如：各项相关考核数据统计难，有很多需要人工台账统计核实；上级行相应工资兑发周期长，不能及时进行员工激励；员工对绩效考核有抵触心理；上级行指标繁多，不知该如何有效分解……

在此需要说明的是，这些难点，其实是对绩效管理认识的误区，错把"绩效考核"等同于"绩效管理"。

华为认为，绩效管理就是管理者和员工双赢，双方就目标及如何实现目标达成共识；同时，公司帮助员工成功实现目标。绩效管理不是简单的任务管理，它特别强调沟通、辅导及员工能力的提高，从而更好地推进绩效目标的达成和团队效能的提升。绩效管理不仅强调结果导向，而且重视实现目标的过程。

绩效不是考核出来的，是管理出来的。

绩效考核仅仅是一个管理手段，目的就是利用比较科学、合理的办法把工资和奖金分配好，体现薪酬分配的公平、公正。比起绩效考核，大家更应该关注绩效管理。简单来说，绩效管理是一个过程，而绩效考核只是这个过程的一部分。

绩效考核的重点在于考核，更重视结果。在绩效考核当中，管理者的角色是裁判。而绩效管理的重点在于员工绩效的改善，在绩效管理中，管理者的角色是教练，通过管理和持续的沟通来指导员工，帮助或支持员工完成工作任务，实现员工个人绩效和组织绩效双赢。这就是绩效考核改革的目的，如图4-6所示。

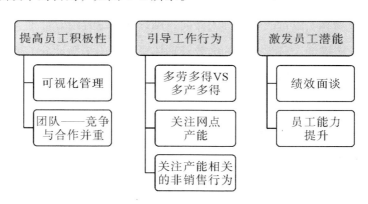

图4-6　绩效考核改革的目的

就像前文说的，绩效管理和绩效考核其实是两回事，但很多人会将两者等同起来，这是一个很大的误区。比如说，如果没有过程中的绩效反馈、沟通和辅导，当评定员工的工作为不合格时，他只会觉得这是在"秋后算账"。他心里会有疑问：为什么不合格？为什么不早点给他反馈？为什么领导没有提供辅导？

那么，到底该怎么做好绩效管理呢？我们需要思考两个方面的问题（见图4-7）。

思考一下

Ⓐ 您的网点的绩效管理方案是如何设计的？

Ⓑ 当前网点绩效管理落地有哪些难点？

图4-7　两个问题

一、　网点绩效管理方案设计与落地之原则解析

（一）明确导向，综合评价

以市场和上级行战略目标为导向，制订网点综合绩效计划与考核方案，建立多维度、科学全面的绩效管理体系，运用平衡计分卡或综合积分考核方式，引导网点及员工由"做产品"向"做客户"转变，逐步弱化计价考核，实现网点绩效、团队绩效和个人绩效的有机统一。

（二）分类评价，分级管理

针对不同区域、不同类别和不同商圈的网点，构建差异化的经营策略和考核评价体系，兼顾综合经营与特色经营；明确绩效管理职责与权限——支行负责营业网点和网点负责人的绩效考核，网点负责人在授权范围内负责网点其他班子成员和员工的绩效考核。网点班子及员工绩效工资按照相关管理办法和程序进行分配。

（三）绩效优先，注重团队

坚持价值创造和按劳分配导向。绩效工资与员工的工作业绩挂钩，适度拉开绩效工资分配差距，鼓励员工争先创优、比学赶超；在网点内

部建立岗位搭配、强弱互补的营销服务团队，并开展团队竞赛，打造营销合力。

（四）量化考核，过程管理

绩效管理与工资分配坚持公平、公正原则，考核指标科学量化，考核过程与结果公开透明；实施"绩效计划制订→绩效沟通辅导→绩效考核评价→绩效结果应用→绩效目标提升"的全流程管理，由过去单一考核分配向综合绩效管理转变，由关注员工业绩向关注员工成长转变。具体的实施策略如图 4-8 所示。

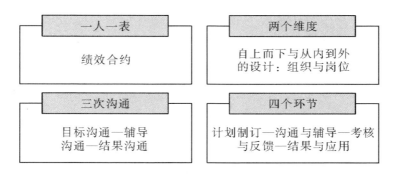

图 4-8　"1234" 绩效管理策略

（五）精简高效，便于实施

对网点及员工的绩效考核指标设置不宜过多，网点绩效考核指标不能简单复制分行对支行的考核指标，网点对员工的绩效考核指标一般控制在 8~10 个。所设绩效指标应便于员工理解，便于及时提取数据。

二、　网点绩效管理方案设计与落地之全流程解析

（一）制订绩效方案

根据上级行绩效管理工作指引，支行绩效考评委员会制订辖内网点综合绩效考核方案，并报送二级分行备案；网点绩效考评小组制订员工

绩效考核方案，并经全体员工讨论通过后，提交支行备案。

（二）制订绩效计划

支行绩效考评委员会根据上级行下达的任务指标及自身发展战略，制订网点绩效计划，并与网点负责人签订绩效计划确认书。网点绩效考评小组根据支行任务指标及自身发展战略，制订团队及员工个人绩效计划，并在与网点员工充分沟通、达成一致的基础上签订绩效计划确认书。绩效计划按年制订，按月或季考核，按周或月通报进度。

（三）绩效实施

支行应按周或月通报网点业绩，按月或按季度进行考核。网点应为每位员工设立绩效考核台账，充分利用各业务系统收集员工业绩，定期公布绩效结果，按月或季组织考核工作。支行及网点应按月或季及时兑现或预兑现绩效工资，年末结合综合考评情况进行统一清算。

（四）绩效反馈辅导

1. 网点绩效辅导

支行绩效考评委员会要跟进网点绩效计划完成情况，定期针对网点负责人实施绩效辅导，帮助网点分析、解决计划执行中存在的问题，促进网点绩效提升。

绩效辅导执行人由绩效考评委员会指定，单项指标完成较差的网点由对应部门的负责人进行绩效辅导，考核综合排名落后的网点由所属支行副行长进行绩效辅导，连续3次考核综合排名落后的网点由所属支行行长进行绩效辅导。

对单项指标完成较差的网点进行不定期辅导，对考核综合排名后20%的网点至少每月辅导一次。

2. 员工绩效反馈辅导

网点负责人及其他班子成员要及时跟进员工绩效计划完成情况，根据考核结果定期进行绩效辅导，帮助员工分析、解决计划执行中存在的问题，针对员工服务水平、营销能力开展针对性培训，促进员工及时改进，提高绩效。对于绩效网点考核排名后 20% 的员工，至少每月辅导一次，对所有员工至少每季度反馈或辅导一次。通过以期望为牵引，以动能为前提，以路径为指导，做到价值循环。

（五）绩效调整

考核期内，网点及员工绩效计划不得随意调整。市场环境变化、网点改建迁址等客观原因，导致网点绩效计划需要调整的，由支行绩效考评委员会具体研究确定；市场环境变化、上级行经营计划调整及员工岗位变动等客观原因，导致员工绩效计划需要调整的，经网点绩效考评小组审批后，重新签订个人绩效计划确认书。

（六）绩效结果应用

1. 绩效工资分配

员工实际发放的绩效工资与员工个人绩效、团队绩效、组织绩效紧密挂钩，绩效工资根据绩效考核结果进行分配。

2. 员工年度考核

员工绩效考核结果作为年度考核、评先评优的主要依据。

3. 员工岗位调整及奖励培训

绩效考核优秀的员工，按照"柜面经理→大堂经理/客户经理/理财经理/财富顾问→大堂主任/内勤行长/营销副主任→网点负责人"的网点员工职业成长路径，优先调整工作岗位，同时列为重点培养对象。

具体可参考如图 4-9 所示的某银行网点绩效管理落地全流程图。

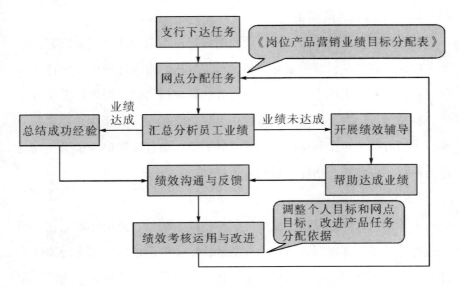

图 4-9　某银行网点绩效管理落地全流程图

三、　网点绩效管理方案设计与落地之考核内容及方式

（一）绩效考核内容

1. 重点业绩指标

选取对网点业绩影响较大的指标进行考核，重点考核存贷款指标、客户指标、财富中收指标、运营指标。支行下达的各项业绩目标按照《岗位产品营销业绩目标分配表》在网点各岗位中按比例分配。

2. 行为能力指标

重点考核履职评价和日常考勤。其中履职评价根据《网点岗位职责说明书》评价考核对象的履职情况；日常考勤根据支行、网点的考勤办法执行。

绩效考核指标设置建议如图 4-10 所示。

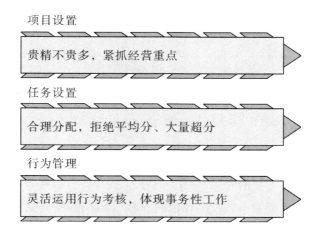

项目设置

贵精不贵多，紧抓经营重点

任务设置

合理分配，拒绝平均分、大量超分

行为管理

灵活运用行为考核，体现事务性工作

图 4-10   绩效考核指标设置建议

（二）考核方式

考核原则：重绩效，轻计价，重点考核等级工资与绩效工资。图 4-11 所示为某网点薪酬构成图。

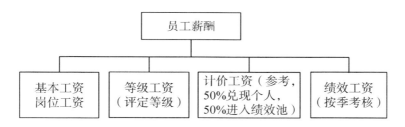

图 4-11   某网点员工薪酬构成

1. 等级工资

等级工资根据上一季度个人绩效得分（未带绩效系数），按照 A、B、C 三个等级发放。等级占比如表 4-9 所示。

表4-9　员工等级工资绩效得分挂钩表

等级	A	B	C
定义	达成目标	基本达成目标	低于目标
比例	20%	60%	20%

注：若评定为 C 级且员工绩效得分达到平均绩效得分70%（含）以上，则评定为 B 级。

2. 计价工资

支行以计价工资的 50% 兑现个人，另 50% 进入绩效池按季考核。

员工计价工资为个人产品计价的 50%（协同营销分润）。

对于网点现场复杂产品的营销，要鼓励岗位之间的协作联动，形成良性的营销分成机制。在网点业务发展的同时，明确各岗位营销分配，实现岗位联动，提高员工营销积极性。

营销奖励分配有三种角色：①推荐人：对进入网点客户进行识别、推荐；②营销人：对客户进行产品营销；③办理人：对营销产品的业务进行办理。

协同营销分配比例如表 4-10 所示。

表4-10　协同营销产品计价分润表（参考示例）

	产品	推荐人	营销人	办理人
1	个人网上银行	0	0	100%
2	手机银行	0	0	100%
3	短信通	0	0	100%
4	基金（股票、混合）	70%	30%	0
5	基金（债券）	70%	30%	0
6	基金（货币）	70%	30%	0
7	理财（开放）	70%	30%	0
8	理财（封闭）	70%	30%	0
9	实物黄金	70%	30%	0

表4-10（续）

	产品	推荐人	营销人	办理人
10	白银	70%	30%	0
11	信用卡	70%	30%	0
12	开立对公户	70%	25%	5%
13	代发工资	70%	30%	0
14	单位结算卡	70%	30%	0
15	特约商户	70%	30%	0
16	个人三方存管	70%	30%	0
17	对公三方存管	70%	25%	5%
18	保险（期缴）	70%	30%	0
19	保险（趸缴）	70%	30%	0
20	财险	70%	30%	0
21	对公理财	70%	30%	0
22	私人银行客户	0	100%	0

3. 绩效工资

建立绩效工资池，员工绩效工资根据综合绩效考核得分分配绩效工资池工资。

网点绩效工资池=计价工资的50%+上级行发放的网点奖励+绩效工资+无法核实到个人的工资奖励

员工绩效工资计算公式如下：

$$员工绩效工资 = 绩效系数 \times 个人绩效得分 \times \frac{金总额}{\sum 绩效系数 \times 个人绩效得分}$$

四、 网点绩效管理方案设计与落地之绩效计划书

（一）梳理职责，改进绩效

按照简明高效、务实管用的要求，逐步推进岗位绩效管理，在合理

简化流程的基础上，通过绩效目标设定、沟通辅导、考核评价、结果运用四个环节，建立完善的网点绩效管理体系，指导员工持续改进工作，提高组织绩效。

（二）完成标志

根据网点情况和员工特征，定岗定人，形成岗位说明书。网点管理人员与员工签署《员工绩效计划书》，如图 4-12 所示。

员工绩效计划书

基本信息								
姓名：______		所在网点：______		岗位名称：______		上级岗位名称：______		
考核内容								
本岗位绩效考核指标								
经营类指标（库）	权重	封顶比例	单位	计划目标值	实际完成值	考核得分	计分规则	数据来源
岗位管理类指标	权重	封顶比例	单位	计划目标值	实际完成值	考核得分	计分规则	数据来源
客户管理类指标	权重	封顶比例	单位	计划目标值	实际完成值	考核得分	计分规则	数据来源
行为管理类指标	权重	封顶比例	单位	计划目标值	实际完成值	考核得分	计分规则	数据来源
					当月考核最终得分：			
计划签署								
考核周期： 年 月 日—— 年 月 日					员工：		直接上级：	
填表说明：1.本表由网点负责人及管理团队其他成员制定，表中指标仅为示例，各项指标由网点按照实际经营情况自行设定，至少每月计算一次得分，作为正式绩效沟通辅导面谈的依据；2.后台柜员绩效计划书可由网点负责人及核心团队其他成员按照本表格式自行制定。								

图 4-12　员工绩效计划书

（三）指标体系解析

一是重点经营类业绩指标。选取对网点业绩影响较大的指标进行考核，如员工产品营销积分、重点零售及对公产品等各项指标。

二是重点岗位管理类指标。选取与各个岗位职责相关的职能管理指标进行考核。重点考核如服务质量、业务量、作业质量、电子渠道分流率等指标。

三是重点客户管理类指标。选取与各个岗位存量客户管理工作相关的指标进行考核。重点考核如贵宾客户管户营销积分、有效电话邀约量、数智化营销业绩、贵宾客户 AUM 增量等。

四是行为管理类指标。选取与网点日常管理相关的指标进行考核。重点考核员工劳动纪律等。

在深入探讨了银行网点绩效管理的关键要素和实施策略之后，我们可以得出结论，绩效管理不仅是推动银行业务发展的重要工具，更是激发员工潜能、实现组织目标的关键环节。通过明确导向、分类评价、绩效优先、量化考核以及精简高效的管理原则，银行网点能够构建起一个科学、全面、公平的绩效管理体系。这不仅有助于提升员工的工作积极性和团队协作能力，还能促进网点整体业绩的持续增长。

在实施过程中，绩效管理方案的设计需结合网点实际情况，通过绩效计划书的制订，将目标具体化、明确化，确保每位员工都清楚自己的职责和期望。同时，绩效反馈和辅导是不可或缺的环节，能够帮助员工及时了解自己的表现，发现问题并寻求改进。此外，绩效考核的公正性和透明性对于提升员工的积极性和信任度至关重要。

最终，绩效管理的成功落地需要网点负责人的坚定决心和持续努力，以及员工的积极参与和配合。通过绩效管理，银行网点不仅能够实现业务目标，更能培养出高效、专业的团队，为银行的长远发展奠定坚实的基础。让我们以绩效管理为桥梁，将每位员工的个人发展与组织的整体进步连接起来。

后 记

随着金融科技的迅猛发展和数智化转型的深入推进，银行业面临着前所未有的挑战与机遇。传统的商业银行网点作为金融服务的重要前沿阵地，在新的形势下必须进行自我革新，以适应日益激烈的市场竞争和客户需求的多样化。

基于这样的背景，本书旨在为商业银行网点提供一条提升数智化营销效能的清晰路径。

当前，银行网点发展趋势显示出三个显著特点：一是服务渠道的多元化，线上线下融合成为常态；二是客户体验的中心化，个性化和便捷性成为核心竞争力；三是数据驱动的决策化，大数据和人工智能成为提升效率和强化效果的关键工具。

本书的网点营销管理章节聚焦于如何基于目标导向高效开展网点营销管理工作，并强调"以客户为中心"的营销站位，在新趋势背景下推动综合营销和业务联动营销，形成立体化的营销体系和格局。同时，探讨了营销自动化、大数据分析等工具的应用，以及如何利用这些工具进行精准营销，提升客户满意度。

本书的网点客户管理章节深入剖析了在数智化转型升级背景下，如何高效推进精细化的客户管理和精准化的营销工作，强调了递进客户信任关系和提升客户生命周期价值的重要性。同时，讨论了如何利用大数据和人工智能技术来深化客户理解，如何通过数智化手段来提升客户管理效率，以及"三分管户"方法论的实践运用，可以助力网点更简单有效地开展数智化管户工作。

本书的网点财富管理章节着重分析财富管理服务的升级与创新。高净值人群和财富客户不断增长，其对个性化财富管理的需求也日益增长。这部分内容探讨了财富管理顾问式营销的认知误区和难点，以及如何通过数智化手段和营销沟通技巧，提升财富管理顾问式营销效率。同时，以存款营销和净值化理财产品营销为例，分享了财富管理业务实践经验。

本书的网点经营管理章节则从较为宏观的视角审视银行网点的整体运营，包括服务管理、经营协同、网点生态圈建设及绩效管理等方面。这部分内容探讨了如何通过数智化手段提升经营管理效率。读者可以"跳出网点看网点"，系统性推进网点在新趋势背景下实现价值重塑。

在撰写本书的过程中，笔者深刻体会到银行网点数智化转型的紧迫性和复杂性。不同发展阶段的银行网点，不仅要面对线上金融服务提供商的竞争，还要应对消费者行为的变化和技术的快速迭代。因此，银行网点的数智化转型不是一个简单的技术升级问题，而是一场涉及战略、文化、流程和技术等多个层面的深刻变革。

本书的写作初衷，是希望通过系统性的分析和实践案例的分享，帮助银行网点把握数智化转型的关键要素，实现营销效能的全面提升。我们相信，银行网点在数智化的道路上，不仅能够提升自身的竞争力，还能够更好地服务于社会，满足客户的金融需求，深化客户的金融认知，实现可持续多赢发展。

　　银行网点的数智化转型是一场持续的旅程，希望本书能够成为您在这一旅程中的有益伴侣。未来，我们期待与您共同见证银行网点在数智化浪潮中焕发出的新活力，共同探索如何畅通金融服务的"最后一公里"，实现"单点击穿"的营销，开辟服务新境界。

　　特别荣幸能通过西南财经大学出版社出版此书，感谢编辑肖狃老师在本书编写过程中给予的细心指导。感谢每一位良师益友的关注、推荐和支持。感谢十多年给予笔者信任、陪伴和帮助的每一位领导和同仁。最后，还要感谢家人多年来在笔者经常出差在外和事业发展多舛的情况下，给予的保障、理解和包容！

洪志鹏

2024 年 7 月